Hans J. Vermeer – Aryendra Sharma

Hindi-Lautlehre
mit Einführung
in die Devnagari-Schrift

2. Auflage

Julius Groos Verlag Heidelberg
1972

ISBN 3 87276 081 5

© 1972 Julius Groos Verlag Heidelberg
Gesamtherstellung: Julius Beltz Hemsbach/Bergstr.

VORWORT

Die Hindī-Phonetik der folgenden Seiten wurde als Arbeitsgrundlage für einen Unterricht auf akademischer Ebene geschrieben.

Von denjenigen Lauten und Lautfolgen ausgehend, die der deutschsprachige Studierende am leichtesten nachahmt, führt sie mit steigendem Schwierigkeitsgrad in die Laute und Lautgruppen der Hindī ein.

Dieses Fortschreiten vom Einfachen zum Schwierigen gilt auch für die eingestreuten Schreibregeln. So mag es sein, daß eine Regel im Anfang nicht vollständig oder nicht ganz exakt erscheint. Weitere Einzelheiten werden aber im Verlaufe des Buches hinzukommen. Ein Register am Ende des Werkes hilft, die Wörter zu finden, bei denen Aussprachebesonderheiten vermerkt wurden.

Das Buch wurde so angelegt, daß die Phonetik der Hindī und der Urdū behandelt wird. Dies empfiehlt sich aus praktischen Gründen: Trotz der lexikalischen Unterschiede zwischen Hindī und Urdū kommen doch alle Laute und Lautgruppen durch den mehr oder minder häufigen Gebrauch von "Fremdwörtern" in beiden Sprecharten vor. Eine Ausnahme bilden für die Standardsprachen nur ṇ und ž: Ersterer Laut findet sich nur in der Hindī und wird in der Urdū in jedem Fall durch n ersetzt; letzterer findet sich nur in der Urdū und ist auch hier sehr selten und nur in wenigen persischen Wörtern zu finden. Die Hindī verwendet diese Wörter nicht.

Im ersten Teil dieser Einführung wurde darauf geachtet, daß nur solche Laute und Lautfolgen vorkommen, die in den jeweils voraufgehenden Beispielen eingeübt worden sind, so daß jeder Paragraph nur _einen_ neuen Laut enthält.

Im zweiten Teil werden dann Einzelwörter gegeben, in denen zwar alle Laute vorkommen können, aber jeweils _ein_ Laut oder eine bestimmte Lautfolge besonders geübt wird. Man halte es nicht für überflüssig, wenn auch zu bekannten Lauten eine ganze Reihe von Beispielen geboten werden: jedes einzelne gibt Gelegenheit, _mehrere_ Laute zu üben!

Im dritten Teil werden einige Regeln zu Satzsandhi, Satzakzent und -Intonation gegeben.

Die Arbeit soll nicht eine lückenlose Behandlung _aller_ möglichen Lautfolgen bieten, doch sind die Beispiele so

geordnet, daß aus ihnen eine erste Orientierung über die
häufigsten Lautgruppen und ihre Behandlung im Einzelwort
und in der Wortgruppe möglich ist.

Auf eine Übersetzung der Beispiele in Teil I und II wird
verzichtet. Der Schüler soll nicht durch die Angabe der
Wortbedeutungen abgelenkt werden. In Teil III dagegen ist
eine Übersetzung der Beispiele in idiomatisches Deutsch
angebracht, um den Studierenden zu Vergleichen mit der
deutschen Intonation anzuregen.

Als mögliches Lernverfahren sei vorgeschlagen: Dem Studierenden
werden die Laute zunächst in der hier gegebenen
Reihenfolge erklärt. Der Lehrer übt sie mit ihm ein. Dann
hört er sie mehrmals vom Tonband oder der Sprachplatte ab
und versucht schließlich, die gehörten Lautgruppen nachzusprechen.
Seine Aussprache wird auf dem mehrspurigen
Tonband registriet, und ein Vergleich mit dem Original
zeigt dem Studierenden, wo er noch zu verbessern hat. Die
Übungen können auch ohne Lehrer durchgeführt werden. Zu
diesem Zweck ist dem Buch eine kurze Anleitung zur Bildung
der Hindī-Laute vorangestellt, auf die im Zweifelsfalle
zurückgegriffen werden kann.

Die zur Angabe der Aussprache verwendete Umschrift ist die
der API (Association Phonétique Internationale).

Da die Beispiele in Devnāgarī-Schrift und phonetischer Umschrift
gegeben werden, kann der vorliegende Kurs auch als
Einführung in die Devnāgarī-Schrift dienen. Dazu nimmt
man am besten zuerst das Alphabet auf Seite 44 ff. durch
und beginnt dann, nachdem man sich die Einzelbuchstaben
eingeprägt hat, in der gegebenen Reihenfolge ab Seite 1.
Die Liste der Ligaturen kann dann je nach Bedarf konsultiert
werden.

Ein Teil der Beispiele für Teil I und II wurde von Frau
Hamida A. Tayabali gesammelt. - Unser Dank gilt vor allem
Herrn Dr. Edgar Kull, Geschäftsführer des Süd-Asien-Instituts
der Universität Heidelberg, für die Unterstützung
dieser Arbeit.

Unvollkommenheiten der Schrift gehen auf das Konto der
schwierigen Bedingungen, unter denen die Arbeit geschrieben
werden mußte.

Januar 1966

INHALTSVERZEICHNIS

Vorwort	I
Inhaltsverzeichnis	III
Anleitung zur Bildung der Hindī-Laute	VI
Übersicht über die Phoneme der Hindī	1
Problematik	1
Mundstellung	5
Akzent	6
Teil I	8
m	8
n	8
f	8
Orale Langvokale	9
a:	9
e:	10
i:	10
o:	10
u:	10
ʃ	11
s	11
z	11
l	12
Orale Kurzvokale	12
ɪ	13
ʊ	13
ɦ	13
Vokaleinsatz	14
ɔ̃	16
æ̃	16
ɔ̃	17
Die Nasalvokale	17
b	19
g	20
x	20
ŋ	21
ɣ	21
ʒ	22
ʈ	22
ɽ	22
k	23
kh	24
gɦ	25
p	25
ph	25
bɦ	26

ɪ	27
ʋ	28
Vokalvarianten	28
r	29
c	30
ch	31
ɟʰ	31
Die Dentale	31
d	32
t	32
th	33
dʱ	33
Die Retroflexe	34
ṭ	35
ṭh	35
ḍ	35
ṇ	35
ḍʱ	36
ḷ	36
ḷʱ	37
l̃	37
q	38
Weitere Aspiraten	38
Einige Besonderheiten	39
Die Langkonsonanten	39
Die Devnāgarī-Schrift	44

Teil II 53
∧ 53
a: 57
i-Laute 58
u-Laute 60
e-Laute 61
o-Laute 63
Die Nasalvokale 64
Die Gutturale 67
Die Palatale 72
Die Retroflexe 75
Die Dentale 77
Die Bilabiale 82
Die Teilverschlußlaute 87
Rausch- und Zischlaute 90
h 92

Teil III 94
Satzsandhi, -akzent und -intonation 94

Register

DIE ZEICHEN DER API

Consonants	Bilabial.	Labiodental.	Dental and Alveolar.	Retroflex.	Palato-alveolar.	Alveolo-palatal.	Palatal.	Velar.	Uvular.	Pharyngal.	Glottal.
Plosive . . .	p b		t d	ʈ ɖ			c ɟ	k g	q ɢ		ʔ
Nasal . . .	m	ɱ	n	ɳ			ɲ	ŋ	ɴ		
Lateral . . .			l	ɭ			ʎ				
„ fricative			ɬ ɮ								
Rolled . . .			r						ʀ		
Flapped . .			ɾ	ɽ					ʀ		
Rolled fricative .			ř								
Fricative . .	ɸ β	f v	θð|sz|ɹ	ʂ ʐ	ʃ ʒ	ɕ ʑ	ç j	x ɣ	χ ʁ	ħ ʕ	h ɦ
Frictionless Continuants and Semi-vowels . .	w|ɥ	ʋ	ɹ				j (ɥ)	(w) ɣ	ʁ		

Vowels	Rounded					Front Centr. Back				
Close . . .	(y ʉ u)					i y ɨ ʉ ɯ u				
Half-close . .	(ø o)					e ø ɤ o				
						ə				
Half-open . .	(œ ɔ)					ɛ œ ʌ ɔ				
						ɐ				
						æ				
Open . . .	(ɒ)					a ɑ ɒ				

ANLEITUNG ZUR BILDUNG DER HINDĪ-LAUTE

Die Vokale

Die langen Vokale ā /a:/, ē /e:/, ī /i:/, ō /o:/, ū /u:/ werden ähnlich wie die entsprechenden deutschen Laute gesprochen: Vater, lesen, lieben, loben, Luder.

Die kurzen Vokale i /i/ und u /u/ werden ebenfalls ähnlich den entsprechenden deutschen Lauten gesprochen: bin, Hund.

/ʌ/
Das kurze a /ʌ/ hat im Deutschen keine genaue Entsprechung. Die Zunge wird nicht so tief gesenkt wie beim deutschen kurzen a (z. B. in 'Sack'). Der Laut liegt etwa zwischen dem a und auslautenden e von 'Lampe'. Ihm entspricht in etwa das englische u in 'but'. Man könnte den Laut als 'dumpfes kurzes a' bezeichnen.

/e/
Kurzes geschlossenes e. Geschlossen wie e in 'leben', aber kurz. Kurz wie in 'selbst', aber geschlossen!

/o/
Kurzes geschlossenes o. Geschlossen wie in 'Ofen', aber kurz! Das o in 'offen' ist kurz, aber offen!

/æ:/
Ganz offenes ä, offener als in 'Ähre', etwa wie a in engl. 'bag'. Dem ä-ähnlichen Laut folgt oft ein dumpfes e wie in Lampe. Doch wird kein echter Diphthong gesprochen, es handelt sich um einen monophthongischen Laut! Es ist besser, nur æ: zu realisieren, als zu stark zu diphthongisieren

/ɔ:/
Ganz offenes o, viel offener als in deutsch 'offen' und

vor allem lang! Ähnlich o in französisch 'mort', aber etwas mehr nach a hin, 'gerundeter'. Hinter dem offenen Lautteil ein etwas mehr geschlossener, aber nicht ɔ + o! Ein Laut.

Die Nasalvokale

Die obigen Vokale 'durch die Nase gesprochen'. Die Luft entweicht durch Mund- und Nasenraum. Die Nasalierung ist etwas weniger stark als im Französischen. Alle Vokale können nasal vorkommen. Man verwechsle z. B. nasales i (ĩ) /ĩ:/ nicht mit französischem, 'im' oder 'in' geschriebenem Nasal, der aber /ɛ̃/ - also etwa wie nasales ä (ä̃) - gesprochen wird.

Die Konsonanten

/b/
Wie deutsches b am Wortanfang: 'Baum'. Am Wortende wird b im Deutschen stimmlos, d. h. wie p gesprochen: 'ab' könnte auch 'ap' geschrieben werden; die Aussprache ist die gleiche.

/bh/
Aspiriertes (behauchtes) b. Der Hauch ist ebenfalls stimmhaft. Also nicht b + h, sondern ein (stimmhafter) Laut!

/p/
Das deutsche p (zumindest vor Vokal am Wortanfang: 'Paul') ist behaucht. Das Hindī-p ist unbehaucht, also wie französisches p!

/ph/
Stark behauchtes p (stärker als im Deutschen das p von 'Paul'!). P und Hauchlaut bilden einen Laut.

/t̲/
Man lege die Zungenspitze an die Unterkante der oberen
Zahnreihe und spreche t. Das deutsche t (z. B. in 'Tan-
te') unterscheidet sich in zweifacher Hinsicht vom Hindī-
t: 1. wird es hinter der oberen Zahnreihe (alveolar) gebildet, 2. ist es (leicht) behaucht.

/t̲h/
Bildung wie bei t, aber mit Hauch, der mit dem t zu <u>ei-
nem</u> Laut verschmilzt.
Grundregel: Bei stimmhaften Verschlußlauten ist der Hauch
 stimmhaft, bei stimmlosen Verschlußlauten
 stimmlos.
 (Stimmhaft sind z. B. b, d, g; stimmlos: p,
 t, k)

/ṭ/
Man lege die Vorderzunge breit gegen den vorderen Gaumen,
also weiter zurück als bei der Bildung des deutschen t!

/ṭh/
Bildung wie bei ṭ , aber mit Hauch.

Das deutsche t ist etwa gleichweit von allen vier Hindī-
Lauten, die hier dargestellt wurden, entfernt. Es liegt
'zwischen' ihnen. Daher ist dem deutschen Ohr eine Unter-
scheidung der Hindī-Laute anfangs so schwer.

        (Hindī) t̲   t̲h (Hindī)

                  t‘ (deutsch)

        (Hindī) ṭ   ṭh (Hindī)

Für die Bildung der stimmhaften Dentale und Retroflexe
_/d_7, /dh_7, /ḍ_7, /ḍh_7 gilt analog das zu t usw. Gesagte.
Man spreche die d-Reihe sorgfältig stimm__haft__!

Zu /k_7, /kh_7, /g_7, /gh_7 gilt ebenfalls analog das bisher Gesagte. Das deutsche k, z. B. in 'Karl' ist leicht behaucht, das Hindī-k nicht. kh ist stark behaucht.

Hindī-t, -d, -k, -g, -p, -b entsprechen französischen Verschlußlauten, z. B. in 'c__a__p__i__t__ain' usw.

/c_7
Palatale können auf zwei Weisen gebildet werden: Indem der Mundraum für den entweichenden Luftstrom mit dem Zungen__rücken__   o d e r   mit der Vorderzunge am harten Gaumen (palatum) verschlossen wird. Im ersteren Falle erhält man einen palatalisierten k-Laut (etwa: k + ç - dem Laut des ch in 'ich'), im letzteren Falle einen palatalisierten t-Laut (etwa: t + sch). Dieser 'tsch'-ähnliche Laut ist für die Hindī gemeint. __Aber__: e i n   Laut, nicht t + sch, keine Vorstülpung der Lippen (wie beim englischen ch in 'chalk'), keine Behauchung (wie beim englischen ch). Am nächsten steht noch italienisch c in 'facere'.

/ch_7
Behauchtes c, aber stärker als ch in englisch 'chalk',

/j_7
Die stimmhafte Opposition zu c: Also ein Laut ähnlich wie 'dsch', aber als Einheit und ganz stimmhaft. Kein Vorstülpen der Lippen wie im englischen j in 'Jack'. Am nächsten steht wieder italienisch g in 'giorno'.

/jh_7 = behauchtes j.

[q]
Weit hinten in der Kehle gesprochenes k, ohne Hauchlaut.

[r]
Zungen-r, d. h. mit der Zungenspitze (zweimal) gerolltes r. Vgl. italienisches und spanisches r (am Wortanfang)! Im Deutschen wird heute zumeist Zäpfchen-r [R] gesprochen. Das Zungen-r, wie es für die Hindī unbedingt gefordert wird, lernt man am besten, indem man statt 'Brot' zunächst 'Bdot' spricht und dieses Wort schnell hintereinander längere Zeit wiederholt.

[ɽ]
Zungen-r mit <u>einem</u> Zungenschlag. Die Zunge wird dabei etwas weiter zurückgezogen als beim [r]. Man könnte den Laut ɽ auch beschreiben als ein ɖ mit einem Zungenschlag.

[ɽʰ]
Behauchtes ɽ.

[ɽ̃]
Nasales ɽ : Man spreche ɽ und lasse die Luft durch Mund- <u>und</u> Nasenraum ausströmen. Man könnte den Laut auch beschreiben als retroflexes n (n mit zurückgezogener Zunge nach Art des ɖ usw.) [ṇ] mit einem Zungenschlag!

[v]
Die Unterkante der oberen Zahnreihe berührt die Unterlippe wie beim deutschen w ('Wein') oder beim englischen v ('very'); doch bleiben die Lippen dabei breit gespannt, und die Berührung ist weniger intensiv als bei den genannten Lauten im Deutschen und Englischen.

[s]
Immer stimmlos, wie deutsch 'Ra<u>ss</u>e', auch am Wortanfang!

[z]
Stimmhafter Laut, wie s in deutsch 'Rose', 'Sache'.

[ʃ]
Rauschlaut, ähnlich deutschem sch, aber mit breit gespannten (nicht vorgestülpten) Lippen

[ʒ]
Die stimmhafte Opposition zu ʃ. Ähnlich französisch j in 'jour', aber mit breit gespannten Lippen.

[x]
Entsprechend deutschem ch in 'ach'.

[ɣ]
Reibelaut. Die stimm<u>hafte</u> Variante zu ch in 'ach'! Man spreche 'g', ohne den vollen Verschluß des Mundraumes. Vgl. berlinerisch und niederrheinisch g zwischen Vokalen: 'Wagen'. (Vgl. spanisch zwischenvokalisches g vor a, o: 'hogar'.)

[ɦ]
Der h-Laut der Hindī ist immer stimm<u>haft</u>. Deutsches h ist stimmlos!

Langkonsonanten (kk usw.) spreche man sorgfältig lang! Zwischen Verschluß und Öffnung liegt sozusagen eine geringe Pause (vgl. italienisch!). Das Deutsche hat Langkonsonanten in der Komposition, z. B.: we<u>gk</u>ehren (g = k). Aber in 'kommen' usw. wird nur einfaches m gesprochen (Die Doppelschreibung ist nur Zeichen für kurzes o!).

Zu den übrigen Lauten und weiteren Einzelheiten vgl. die Übungsbeispiele und Vergleichswörter aus dem Deutschen, Englischen und Französischen in Teil I!

Man wird in S-Asien und entsprechend auch in der Hindī vielfach eine durchgehend leicht nasalierte Aussprache der Vokale, besonders der Langvokale, finden. Diese Aussprache braucht der Studierende nicht nachzuahmen.

ÜBERSICHT ÜBER DIE PHONEME DER HINDĪ

Problematik

Die Zahl der Laute einer Sprache ist physikalisch gesehen sehr groß. Was beim Sprechen jeweils als Wiederholung desselben Lautes empfunden wird, erweist sich bei genauer Untersuchung als je nach Sprecher, Stellung der Sprechwerkzeuge, Lautstärke und -länge als durchaus unterschiedlich. Aber das Empfinden des Sprechers und Hörers, es handle sich um jeweils den gleichen Laut, entspringt der Absicht, innerhalb einer gewissen Variationsbreite einen durch bestimmte Merkmale gekennzeichneten Laut hervorzubringen. Ähnlich vermeint der Hörer den gleichen Laut zu vernehmen. Eine durch bestimmte Merkmale als zusammengehörig empfundene Lautgruppe nennt man ein "Phonem".

> Dabei ist auch das Merkmal der nicht bedeutungsunterscheidenden Vertretbarkeit oder Austauschbarkeit zu berücksichtigen: z. B. erscheint im Deutschen der Laut /x/ nur nach den 'dunklen' Vokalen a, o, u ('ach', 'doch', 'Buch'); nach e, i oder Konsonant dagegen der Laut /ç/ ('frech', 'ewig', 'durch'). /x/ und /ç/ dienen im Deutschen nirgends zur Unterscheidung von Wörtern, sie stehen nicht in "Opposition", bilden daher im Deutschen nur e i n Phonem /ch/.
>
> <u>Anmerkung:</u> Phonetische Angaben werden in eckige Klammern gesetzt: / /; Phoneme schreibt man zwischen Schrägstrichen: / /.

Die Zahl der Phoneme einer Sprache schwankt zwar je nach der angewandten Untersuchungsmethode, ist aber - bei entsprechender Definition - in einer konkreten Zahl angebbar.

Die Hauptschwierigkeit bei der Bestimmung der Phoneme einer gegebenen Sprache liegt in der Abgrenzung der Merkmalgruppen gegeneinander: Je nachdem, ob man die Merkmalkombinationen enger oder weiter faßt, erhöht oder verringert sich die Zahl der Phoneme.

> So können z. B. im Deutschen die Diphthonge ai, au usw., die Affrikaten pf, (t)z usw. je nach der Betrachtungsweise ('je nach Definition') als mono- oder als biphonematisch aufgefaßt werden.

Da es in der vorliegenden praktischen Einführung in die Standardaussprache der Hochhindī - also etwa die Aussprache Gebildeter aus Āgrā - nicht auf eine vollständige

Behandlung dieses Problems und eine lückenlose Aufzählung aller mono- und, je nach Betrachtungsweise, bi- und auch mehrphonematischen Werte aller Verfahrensweisen ankommt, soll die folgende Übersicht die Zahl der Phoneme möglichst klein halten. Durch Kombination der angegebenen Werte entstehen neue, u. U. wieder monophonematisch beurteilbare Werte (z.B. /a:/ + /ı/ > /aï/).

Übersicht

Vokale

	vordere	mittlere	hintere
geschlossen	i: ɪ		ʊ u:
halb-geschlossen	e:		o:
halboffen	æ̃?	ʌ	ɔ̃?
offen			ɑ:

Anm.: Die mit den Zeichen der API ('Association Phonétique Internationale') eingetragenen phonetischen Werte sind Mittelwerte. So hat die Hindī z. B. einen dem /ʌ/ in engl. 'but' /bʌt/ ähnlichen Laut, der daher mit dem gleichen phonetischen Zeichen dargestellt wird, doch sind die beiden Laute in den zwei Sprachen keineswegs identisch. Für die Hindī ist das /ʌ/ in der Tabelle im Vergleich zu seiner Position für das Englische um ein klein wenig weiter links oben, in Richtung auf das /ə/ zu einzurücken (Für die Gujrātī wäre es dem letzteren Laut noch mehr zu nähern); trotzdem fällt es - zumindest in betonter Silbe - nicht mit /ə/ zusammen[1]). Wollte man die Unterschiede graphisch verdeutlichen, so könnte etwa folgende Darstellung gewählt werden:

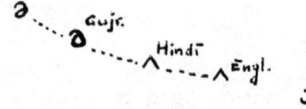

---

1) J. R. FIRTH schreibt tatsächlich ə. Vgl.: HARLEY, A. H.: Colloquial Hindustani; London ⁴1960, xii und passim

Alle Qualitäten der auf Seite 2 gebrachten Vokalübersicht kommen auch nasal vor. Die Nasalität wird hier als eigenes Phonem gezählt: /~/.

Die Hindī hat somit 11 Vokalphoneme[1]).

Die Vokalquantität ist weniger stabil als die Vokalqualität. Jedoch kann man nicht sagen, die Länge sei 'quantité négligeable'.

Über das Problem der Länge und die Allophone der Grundvokale der Hindī wird im Verlauf des Buches das Nötige gesagt.

Zwei Vokale können sich, wie bereits oben angedeutet wurde, zu einem Diphthongen, drei zu einem Triphthongen verbinden. Dabei können Quantitäts- und Qualitätsvariationen auftreten.

Konsonanten

	B[2])	L	D	A	R	P	V	U	G
O.sl.	p p̂ʰ		t t̂ʰ		ṭ ṭ̂ʰ	c ĉʰ	k k̂ʰ	qˣ	
sh.	b b̂ʰ		d d̂ʰ		ḍ ḍ̂ʰ	ɟ ɟ̂ʰ	g ĝʰ		
N.sl.									
sh.	m m̂ʰ				n n̂ʰ				
T. l.					l l̂ʰ				
t.					r	ɽ ɽ̂ʰ			
n.					r̃ˣˣ				
F.sl.		fˣ	s	ʃ				xˣ	
sh.		ʋ	zˣ	ʒˣ				ʝˣ	h

---

1) PINNOW, Heinz-Jürgen: Über die Vokale im Hindī; in: Zeitschrift für Phonetik und allgemeine Sprachwissenschaft; Berlin 7, 1953, 43-53 wertet (Seite 46) Vokal + /h/ monophonematisch. Dadurch gewinnt er - zumindest theoretisch - 4o Vokalphoneme! - Doch wird in der vorliegenden praktischen Einführung selbst Firth's "h-

Die Hindī hat somit (etwa) 4o Konsonantenphoneme.

Die Aspiration der Konsonanten ist kein eigenes Phonem, wohl aber die Länge der Konsonanten: Aspirierte Konsonanten sind n i c h t positionslängenbildend, Langkonsonanten dagegen wohl. Es ist jedoch praktischer, statt des Längezeichens (:) bei Konsonanten den Buchstaben doppelt zu schreiben, z. B. /kk/. Dabei ist nur zu beachten, daß in der Hindī zwischen zwei Konsonanten (auch verschiedener Artikulationsstelle) keine Plosion stattfindet. Die Palatale werden als monophonematische Verschlußlaute gewertet (/c̄/ und /ɟ̄/), nicht als Kombinationen von /t/ + /j/ usw., da die Palatale - im Gegensatz zur echten Konsonantengruppe tś - nicht positionslang gewertet werden und keine echten Affrikaten - wie etwa /t͡ʃᶜ/ in engl. 'chalk' /t͡ʃˈɔːk/ - sind³).

Die mit ˮ bezeichneten Phoneme sind charakteristisch für die Urdū. Im Munde u n gebildeter Sprecher werden sie durch andere Realisationen ersetzt, und zwar:

---

ified vowel" /æ̃ⁿ/ als allophonische Aussprache zu /ʌ̃ɦ/ betrachtet.

2) B = Bilabial   O = Verschlußlaut
    L = Labiodental   N = Nasenlaut
    D = Dental   T = Teilverschlußlaut
    A = Alveolar   F = Reibelaut
    R = Retroflex
    P = Palatal   sl = stimmlos
    V = Velar   sh = stimmhaft
    U = Uvular   l = lateral
    G = Glottal   t = temporal
                               n = nasal

3) Von amerikanischen Strukturalisten werden Aspiration, Länge und Nasalität der Vokale wie Konsonanten im allgemeinen als selbständige Phoneme gewertet (Vgl. z. B.: GUMPERZ, John J.: Phonological Differences in Three Hindi Dialects; in: Language 34, 1958, 212-224). - Mit der obigen Einrichtung soll hierzu kein Urteil abgegeben werden. - Die Unsicherheit in der phonematischen Bewertung der Hindī-Laute hat nicht zuletzt ihren Grund in der Eigenart der Devnāgarī-Schrift, die für die meisten der hier genannten Verbindungen je ein eigenes Schriftzeichen hat, jedoch nicht konsequent verfährt. Einige Aspiraten werden als Konsonantengruppen geschrieben.

/q/ durch /k/
/x/ durch /kh/
/γ/ durch /gh/
/f/ durch /ph/
/z/ durch /j/

/з/ kommt eigentlich nur in der Urdū in persischen Lehnwörtern vor. Solche Wörter werden in der Hindī im allgemeinen nicht verwendet. Die Devnāgarī-Schrift hat kein Zeichen für diesen Laut. Gleichwohl soll er hier der Vollständigkeit halber angeführt werden.

Das mit ˜ bezeichnete Phonem kommt nur in der Aussprache gebildeter Hindū in Lehnwörtern aus dem Sanskrit vor. Von Ungebildeten wird es durch /n/ ersetzt. Die Urdū ersetzt es in jedem Fall durch /n/.

An diesem Beispiel ließe sich aufzeigen, wie die Phoneme in kleinere Einheiten unterschiedlichen Prioritätsgrades zerlegt werden können: In /ɳ̃/ hat die Nasalität Vorrang vor dem temporalen Teilverschluß und der Retroflexivität, so daß auch /n/ gesprochen werden kann. In gewissen Stellungen bleiben Nasalität und Retroflexivität erhalten, aber der temporale Teilverschluß geht verloren: Allophon /ŋ/.

Übrigens ist /ɳ̃/ historisch gesehen wohl aus /ŋ/ entwickelt.

In der arabisierenden Aussprache gebildeter Urdū-Sprecher erscheinen mitunter auch die Phoneme /ʕ/ und /ʔ/, die jedoch im allgemeinen - auch von Gebildeten - durch /ʕ/ bzw. /Null/ oder /:/ ersetzt werden. So wird es auch in dieser praktischen Einführung gehalten.

Die Angaben über das gesamte Phoneminventar der Hindī schwanken nach den obigen Ausführungen beträchtlich. Wie gezeigt, sind mindestens 51 Phoneme anzusetzen. Das Bühnendeutsche hat etwa 40 Phoneme[1].

M u n d s t e l l u n g

Als allgemeines Charakteristikum, das die Hindī mit den südasiatischen Sprachen in ihrer Nachbarschaft teilt,

---

1) ERBEN, Johannes: Abriß der deutschen Grammatik; Berlin ^{5}1962, 2-3

kann die Aussprache mit breiter gespannten Lippen als im
Deutschen (das zur Lippenrundung neigt) und etwas zurück-
gezogenem Kinn bezeichnet werden.

A k z e n t[1])

Die Hindī hat nur einen schwach ausgebildeten Akzent vor-
wiegend musikalischer Natur. Im allgemeinen gilt:

Wortakzent

(Naturā oder positione) lange Silben werden – vor allem
bei hinzukommendem Druckakzent – mit etwas höherer Ton-
lage gesprochen als kurze Silben.

Die letzte Wortsilbe wird – außer in zweisilbigen Wörtern,
deren erste Silbe kurz ist – mit einer etwas unter der
Normalhöhe liegenden Tonhöhe gesprochen.

Die vorletzte Wortsilbe trägt im allgemeinen einen leich-
ten Druckakzent. Dieser wird auf die drittletzte Silbe
verlegt, wenn diese lang, die vorletzte aber kurz ist.
Die letzte Wortsilbe trägt den Druckakzent, wenn sie die
einzige lange (oder halblange) Silbe des Wortes ist.

> Anm.: Bei der Akzentuierung gelten bezüglich der
> Affixe die gleichen Regeln wie bei der Behandlung
> des /^/: Die Suffixe '-nā' und '-tā', sowie Präfixe
> und Partikeln werden wie eigene Wörter behandelt,
> z.B.: /ˈsʌmˌȷ̃na./, /ˈnɪkʌlta./, /ˈsʌmˌʃha./.

Satzakzent

Im Satz erhält das Hauptsinnwort den Haupt(druck)akzent;
dieser **kann** zugleich von Tonhöhe begleitet werden. – Die
wichtigsten Regeln s. S. 94 ff.

Die zuvor genannten Regeln über den Wortakzent ordnen sich
u. U. dem Satzakzent unter.

---

1) Vgl. die Regeln in: SHARMA, Aryendra: A Basic Grammar
of Modern Hindi; /Delhi/ 1958, 12-14. - SPIESS, Otto
+ BANNERTH, Ernst: Lehrbuch der Hindūstānī-Sprache;
Leipzig und Wien 1945, 11 verweisen auf die Schwierigkeiten der Akzentbestimmung.

Bemerkung zu den Konsonantengruppen

In Konsonantengruppen im Wort oder innerhalb sinngemäß zusammengehöriger Wortgruppen, innerhalb deren keine Sprechpause auftritt, erfährt im allgemeinen nur der letzte Verschlußlaut Öffnung des Verschlusses (Plosion, 'release'), z. B.:

  dāk-ghar /ɖɑːgghʌr_/ Postamt
  kitnā   /kɪtnɑː/   wieviel

Einzelheiten s. S. 94 ff.

TEIL 1

Darstellung der Einzellaute in Einzelwörtern und kurzen Sätzen, angeordnet nach steigendem Schwierigkeitsgrad für deutschsprachige Studierende

Den entsprechenden deutschen
Lauten ähnliche Konsonanten
und Vokale:

/m/ = bilabialer stimmhafter Nasal

Vgl. dt.: _M_utter, A_mm_e, ka_m_

engl.: _m_other, co_m_ing, ca_me_

frz.: _m_ère, ra_m_er, rhu_me_

Achtung! Die zum Vergleich gegebenen Beispiele besagen nicht, daß die in ihnen hervorgehobenen Laute mit den Hindī-Lauten gleicher API-Bezeichnung identisch sind. Es soll nur auf Ähnlichkeiten hingewiesen werden!

/n/ = alveolarer stimmhafter Nasal

Vgl. dt.: _n_e_nn_e_n_

engl.: _n_o, mea_n_ing, i_n_

frz.: _n_on, mi_n_on, mi_n_e

/f/ = labio-dentaler stimmloser Spirant

Vgl. dt.: _f_est, A_ff_e, Kau_f_

engl.: _f_ast, in_f_er, loa_f_

frz.: _f_an_f_are, acti_f_

Orale Langvokale

Achtung! Da Länge und Kürze u. a. auch vom Satzakzent abhängen, werden sie in der vorliegenden Einführung für das Einzelwort wie folgt schematisch behandelt:

Im einsilbigen Wort hat der Langvokal seine volle Länge.

Absolut ist er auslautend in Funktionswörtern kürzer als in anderen Wörtern: 'āp', 'bāp', 'yā'; aber 'kā'.

Im zweisilbigen Wort hat der Langvokal der letzten Silbe nur halbe Länge.

Im mehrsilbigen Wort haben alle Langvokale nur halbe Länge beim Typ 'śāhanā' usf.

In Diphthongen, in denen 2 Langvokale oder Langvokal + Kurzvokal zusammentreten, wird der erste halblang, der zweite kurz gesprochen.

Messungen der absoluten Vokallänge ergeben, daß die Vokale der Hindī mit voller Länge etwas länger gesprochen werden als deutsche Kurzvokale in der Tonsilbe.

In der vorliegenden praktischen Einführung werden die Vokale schematisch nach obigen Regeln behandelt.

/a:/ = offener hinterer Vokal

(Die Bezeichnungen "offen" usw. nach API)

Das deutsche /a/ ist zumeist etwas weniger offen, /a/.

Vgl. dt.: V<u>a</u>ter, n<u>ah</u>
engl.: f<u>a</u>ther, p<u>ah</u>!
frz.: â<u>m</u>e, l<u>a</u>sse

[e:] = halbgeschlossener vorderer Vokal

Vgl. dt.: s<u>eh</u>nen, S<u>ee</u>

[i:] = geschlossener vorderer Vokal

Vgl. dt.: B<u>ie</u>ne, s<u>ie</u>
engl.: <u>e</u>ve, l<u>ea</u>ve, s<u>ee</u>
frz.: é<u>gli</u>se

[o:] = halbgeschlossener hinterer Vokal

Vgl. dt.: l<u>oh</u>nen, s<u>o</u>
frz.: r<u>o</u>se

[u:] = geschlossener hinterer Vokal

Vgl. dt.: r<u>u</u>fen, K<u>uh</u>
engl.: <u>oo</u>ze, gl<u>oo</u>m, y<u>ou</u>
frz.: d<u>ou</u>ze

ma:	me:	mi:	mo:	mu:	मा	मे	मी	मो	मू
na:	ne:	ni:	no:	nu:	ना	ने	नी	नो	नू
fa:	fe:	fi:	fo:	fu:	फ़ा	फ़े	फ़ी	फ़ो	फ़ू

ma:ma:	ma:mi:	ma:mu:	मामा	मामी	मामू
mi:m	ma:na:	ma:no:	मीम	माना	मानो
ma:n	na:m	ni:m	मान	नाम	नीम
na:na:	na:ni:	nu:n	नाना	नानी	नून
fa:m	ma:f	fa:ni:	फ़ाम	माफ़	फ़ानी

[ʃ] = stimmloser Rauschlaut
(Kein Vorstülpen der Lippen!)
Vgl. ital.: lascio

ʃa: ʃe: ʃi: ʃo: ʃu: शा   शे   शी   शो   शू

                                                षा   षे   षी   षो   षू

Anm.: श und ष sind in der Hindi nur orthographische Varianten. Sie bezeichnen dasselbe Phonem.

ʃa:m   ma:ʃa·   ʃa:n   शाम   माशा   शान
ʃi:n   na:ʃ   fa.ʃ   शीन   नाश   फ़ाश
ʃi:ʃa· ʃe:ʃ   शीशा   शेष

[s] = dentaler stimmloser Zischlaut

Vgl. dt.: Kasse, Maß
    engl.: say, lesser, less
    frz.: si, laisser, fils

sa: si: su: se: so: सा   सी   सू   से   सो

ma:si·   ma:su·m   ma:s   मासी   मासूम   मास
fa:nu·s   sa:f   sa:ma·n   फ़ानूस   साफ़   सामान
sa:mna·   si:ma·   si:na·   सामना   सीमा   सीना
su:na·   se:na·   so:na·   सूना   सेना   सोना
sa:s   सास

[z] = dentaler stimmhafter Spirant

Vgl. dt.: sagen, Rasen
    engl.: zero, gazette, is

frz.: z̲éro, ga̲zette, ga̲z̲

za:	zi:	zu:	ze:	zo:	जा़	जी़	जू़	जे़	जो़

zi:na·	zi:n	ma:zi·	जीना	ज़ीन	माज़ी
mi:za·n	na:z	me:z	मीज़ान	नाज़	मेज़
sa:z	na:sa·z	so:z	साज़	नासाज़	सोज़

sa:	za:	si:	zi:	सा	ज़ा	सी	ज़ी

/1̲7/ = alveolarer lokaler
stimmhafter Teilver-
schlußlaut

Vgl. dt.: l̲aden, El̲end, hohl̲
engl.: l̲ad, el̲ope
frz.: l̲as, él̲an, cercl̲e

la:	li:	lu:	le:	lo:	ला	ली	लू	ले	लो

ma:la·	ma:li	ma:l	माला	माली	माल
me:l	mi:l	ni:la·	मेल	मील	नीला
ni:la·m	ʃi:la	la:na·	नीलाम	शीला	लाना
li:la·	le:na·	la:ʃ	लीला	लेना	लाश
la:l			लाल		

Orale Kurzvokale

Achtung! Als "Kurzvokale" werden diejenigen Vokale bezeichnet, die nie lang oder halblang vorkommen
---

/ɪ/ = geschlossener vorderer
    Vokal

Vgl.dt.: b<u>i</u>n

　　engl.: <u>i</u>n, p<u>i</u>n

/ʊ/ = geschlossener hinterer
    Vokal

Vgl. dt.: m<u>u</u>nter

　　engl.: p<u>u</u>t

mɪsaːl	nɪʃaːn	mɪlnaˑ	मिसाल	निशान	मिलना
mɪlaːnaˑ	ʃɪmlaˑ	nɪʃaː	मिलाना	शिमला	निशा
nɪzaːm	naːzɪm	zaːlɪm	निज़ाम	नाज़िम	ज़ालिम
sɪlaːnaˑ	laːzɪm	maːlɪʃ	सिलाना	लाज़िम	मालिश
ʃaːmɪl	saːzɪʃ		शामिल	साज़िश	
sʊnoˑ	mʊnɪ		सुनो	मुनि	

Die Oppositionen /iː/ : /ɪ/
und /uː/ : /ʊ/

miːl	mɪl		मील	मिल
ziːnaˑ	naːzɪm		ज़ीना	नाज़िम
ʃiːlaˑ	sɪlaːnaˑ		शीला	सिलाना
suːnaˑ	sʊnaˑ		सूना	सुना
	sʊnaːnaˑ	sʊlaːnaˑ		सुनाना सुलाना

h-Laut und Vokaleinsatz

/ɦ/ = glottaler stimmhafter
    Spirant

Im Deutschen und Englischen ist das /h/ im allgemeinen stimmlos!

In der Hindī wird h nur im vorvokalischen Anlaut voll

artikuliert, zwischenvokalisch,
vorkonsonantisch und auslautend tönt es nur schwach oder
verstummt.

Gleiches gilt übrigens für
die Aussprache der Aspiraten - außer 'zwischenvokalisch'.

ʃaːhiˑ	ʃaˑhaˑna	suhaːs	शाही	शाहना	सुहास
suhaːnaˑ	maˑhaˑna	haːmiˑ	सुहाना	माहाना	हामी
haːni	hoːnaˑ	hoːm	हानि	होना	होम
heːm	hɪm	hɪlaːna	हेम	हिम	हिलाना
hoːliˑ	haːsɪl	hoːʃ	होली	हासिल	होश

Vokaleinsatz

Im Deutschen gibt es keine
vokalisch anlautenden Silben! Vor jedem Vokal am Silbenanfang wird im Deutschen
ein Konsonant, der sog.
"Knacklaut" (/ʔ/), gesprochen.

In der Hindī gibt es diesen
Knacklaut nicht!

Der richtige Vokaleinsatz ist
sorgfältig zu üben!

/ōː/

loː	laˑo	oːlaˑ	लो	लाओ	ओला
oːs	oː		ओस	ओ	

/āː/

laːna	aːnaˑ	aː	लाना	आना	आ
huaˑ	laˑo	aˑo	हुआ	लाओ	आओ
aːʃaˑ	aːsaːn	aːlsiˑ	आशा	आसान	आलसी
aːʱaː			आह		

/ū:/

| suːnaˑ | uːʃaˑ | uːn | सूना | ऊषा | ऊन |
| uː | | | ऊ | | |

/ī:/

niːlaˑ	iːlaˑ	iːmaˑn	नीला	ईला	ईमान
iːʃ	iː	huiː	ईश	ई	हुई
laˑi	soˑi	sunaˑi	लायी	सोयी	सुनायी

Anm.: Das in der Schrift zwischenvokalisch vor e und i gesetzte य erscheint aus formal-grammatischen Gründen. In der Tat wird beim Übergang von einem Vokal zu einem qualitativ anderen ein konsonantisches Übergangselement gesprochen, doch wird dies spontan gebildet und kann hier unberücksichtigt bleiben

/ŭ/

sunoˑ	ʊs	ʊseˑ	सुनो	उस	उसे
ʊ		ʊsuːl	उ		उसूल
ʊf			उफ़		

/ĭ/

nɪzaːm	ɪn	ɪs	निज़ाम	इन	इस
ɪ	ɪnsaːn	ɪnsaːf	इ	इन्सान	इन्साफ़
ɪslaːm			इसलाम		

/ē:/

| leːnaˑ | lɪe | hue | लेना | लिए | हुए |
| eː | aˑie | | ए | आइए | |

/ʌ/ = halboffener hinterer
      Vokal

Etwas dumpfer als engl. up,
     but

In nachtoniger Silbe wird
/ʌ/ im Redezusammenhang zu
/ə/ verschliffen

mʌsaːlaˑ	fʌnaˑ	nʌfaː	मसाला	फ़ना	नफ़ा
sʌfaːi	mʌlaːl	mʌʰeːʃ	सफ़ाई	मलाल	महेश
nʌʃaː	sʌmaːn	sʌmaːnaˑ	नशा	समान	समाना
sʌliːm	hʌm	hʌlaːl	सलीम	हम	हलाल
mʌʰiˑnaˑ	ʃʌmiːm	ʌz	महीना	शमीम	अज़
ʌfsoːs	moːʰʌn		अफ़सोस	मोहन	
nʌmʌn	zʌmaːnaˑ	mʌzaː	नमन	ज़माना	मज़ा

Die halboffenen Langvokale

/æ͂ː/ = halboffener mittlerer
       Vokal

Dieser Vokal hat häufig, besonders auslautend, ein diphthongisches Element. Es wird hier durch die Bezeichnung ͂ angedeutet. Keineswegs aber ist der Vokal ein echter Diphthong, wie man immer wieder liest.

meːlaˑ	mæ͂ːlaˑ	mæ͂ːnaˑ	मेला	मैला	मैना
fæ͂ːslaˑ	fæ͂ːz	zæ͂ːn	फ़ैसला	फ़ैज़	जैन
heː	hæ͂ː	æ͂ːsaˑ	है	है	ऐसा
us ne sunaˑ hæ͂ː			उस ने सुना है		

/ɔ̃/ = halboffener hinterer Vokal

Für diesen Vokal gilt das zu /æ̃/ Gesagte analog.

moːn	mɔ̃ːn		मोम	मौन	
oːs	ɔ̃ːsaːn	mɔ̃ːsʌm	ओस	औसान	मौसम
hɔ̃ːslaˑ	mɔ̃ːlaˑnaˑ	nɔ̃ː	हौसला	मौलाना	नौ

Wiederholung der Vokale

fʌnaː	maːf	फ़ना	माफ़
ʌmiːn	aːm	अमीन	आम
mɪl	miːl	मिल	मील
ɪs	iːʃ	इस	ईश
ˈsunoˑ	suːnaˑ	सुनो	सूना
usaːs	uːn	उसास	ऊन
meːlaˑ	mæ̃ːlaˑ	मेला	मैला
eːlaˑ	æ̃ːsaˑ	एला	ऐसा
moːm	mɔ̃ːn	मोम	मौन
oːlaˑ	ɔ̃ːsaːn	ओला	औसान

Anm.: Im Alfabet erhalten die Einzellaute /æ̃/ und /ɔ̃/ die echt diphthongische Benennung /ʌi̯/ und /ʌu̯/. Gleiches gilt für die Aussprache von Lehnwörtern aus dem Sanskrit im Munde sanskrit-kundiger Sprecher.

Die Nasalvokale

Langvokale

Zwischen Nasal und folgendem

Verschlußlaut wird ein ganz leichter Nasalkonsonant hörbar.

[ã:]

ma:na·	mã·	hã·	माना	माँ	हाँ
mã:s	sã:s	sʌmã·	माँस	साँस	समाँ
	ã:s			आँस	
a:	ã:		आ	आँ	

[ĩ:]

ni:la·	nʌʰĩ·	li: - lĩ:	नीला	नहीं	ली - लीं
lĩ·	mɪlĩ·		लीं	मिलीं	
i:	ĩ:		ई	ईं	

[ũ:]

lu·	lũ·	hɪla·ũ	लू	लूँ	हिलाऊँ
hũ·	mʌna·ũ	la·ũ	हूँ	मनाऊँ	लाऊँ
u:	ũ:		ऊ	ऊँ	

[ẽ:]

le·	lẽ·	mɪlẽ·	ले	लें	मिलें
mẽ·	sunẽ·	sula·ẽ	में	सुनें	सुलाएँ
sʌʰẽ·			सहें		

[æ̃:]

hæ̃:·	hæ̃:·		है	हैं	
mẽ:	mæ̃:·		में	मैं	
mæ̃:· hũ·	hʌm hæ̃:·		मैं हूँ	हम हैं	
æ̃:·	æ̃:·		ऐ	ऐं	

/õː/

hoː   hõː   õː   हो   हों   ओं

/sõː/

sõːl   sõːʰ   सौ   सौं

Kurzvokale

Anm.: Nasale Kurzvokale kommen nur in echten Hindī-Wörtern (indo-arischen Ursprungs) vor.

/ã/

hʌns   hãs   ã∫   हंस   हँस   अँश

/ĩ/

hɪlnaː   hĩs   ʌʰĩsaː   हिलना   हिंस

/ũ/

ʊs   mũʰ   उस   मुँह

Weitere entsprechenden deutschen Lauten ähnliche Konsonanten

/b/ = bilabialer stimmhafter Verschlußlaut

Vgl. dt.: beben
    engl.: bib, ibex
    frz.: bébé, robe

Man achte auf sorgfältige - stimmhafte! - Aussprache auch am Silbenende!

baːl   beːsʌn   boːloː   बाल   बेसन   बोलो
bʌlaː   bʌl   bʌs   बला   बल   बस

biːs	lʌmbu·	nʌbiː	बीस	लम्बा	नबी
zʌbaːn	ʃaːbaːʃ	baːbʊl	ज़बान	शाबाश	बाबुल
hɪsuːb	sʌb	zeːb	हिसाब	सब	ज़ेब

/g/ = velarer stimmhafter Verschlußlaut

Vgl. dt.: gegen
    engl.: gig, ligament
    frz.: gai, bigot, blague

gaːm	goːl	goːbiː	गाम	गोल	गोबी
goːʃa·	geːsu·	gʊmaːn	गोशा	गेसू	गुमान
gʊl	gʊlaːb	naːgɪn	गुल	गुलाब	नागिन
mãːgo·	loːgõ·	loːg	माँगो	लोगों	लोग
aːg	ʌgni·	lʌgn	आग	अग्नि	लग्न
un loːgõ· mẽ· se			उन लोगों में से		
loːg ʃaːla· mẽ· hæ̃			लोग शाला में हैं		
ʌb gaːna· sʊno·			अब गाना सुनो		

/x/ = velarer stimmloser Spirant

Vgl. dt.: lachen, Loch

xaːliː	xaːs	xʌsxʌs	ख़ाली	ख़ास	ख़सख़स
xuːn	xuːb	kʊʃ	ख़ून	ख़ूब	ख़ुश
xʌfaː	sʌxiː	ʃeːxiː	ख़फ़ा	सख़ी	शेख़ी
mʌxmʌl	naːxun(!)	ʃaːx	मख़मल	नाख़ून	शाख़
ʃæ̃ːx	ʃoːx	xʌzaːna·	शेख़	शोख़	ख़ज़ाना
xʊlaːsa·	xɪlaːf		ख़ुलासा	ख़िलाफ़	
xɔ̃ːf	mʊxaːlɪf		ख़ौफ़	मुख़ालिफ़	

xʌzaːna· xaːliː hæ̃ː   ख़ज़ाना ख़ाली है

sʌb loːg xuʃ hæ̃ː   सब लोग ख़ुश है

/ŋ/ = velarer stimmhafter Nasal

Vgl. dt.: Ri**ng**e, E**ng**land
     engl.: ri**ng**, E**ng**land

/ŋ/ ist in der Hindī Allophon zu /n/ vor Velaren

---

gʌŋgaː·   ʌŋg   sʌŋgʌm

bʌŋgaːl   zʌŋg   nʌŋgaː·

गंगा   अंग   संगम

बंगाल   जंग   नंगा

Anm.: Dieser Velarlaut ist[1]) richtiger mit ङ· statt mit Anusvār zu schreiben.

Hier wird aus schreibtechnischen Gründen Anusvār gebraucht.

Laute, die im Deutschen nur in Fremdwörtern oder in Dialekten vorkommen

/ɣ/ = velarer stimmhafter Spirant

(Die stimmhafte Opposition zu /x/)

Vgl. etwa berlinerisch oder niederrheinisch zwischenvokalisches /g/: Wagen /vaːɣn̩/

ɣʌniː   ɣulaːm   ɣʌm

ɣʌʃ   ɣaːziː·   ʌfɣaːn

ɣaːlib   ɣʌzʌl   ɣusl

baːɣ   ɣæ̃ːb   ɣɔ̃ːs

ग़नी   ग़ुलाम   ग़म

ग़श   ग़ाज़ी   अफ़ग़ान

ग़ालिब   ग़ज़ल   ग़ुस्ल

बाग़   ग़ैब   ग़ौस

---

1) in Lehnwörtern aus dem Sanskrit - Zu 'Anusvār' siehe S. 49!

/ʒ/ = stimmhafter Rauschlaut
Vgl. dt.: Gara__g__e, Tonna__g__e
    frz.: __j__ournal, lé__g__ère

Dieser Laut tritt im allgemeinen nur in Wörtern auf, die der Urdū-Hochsprache angehören. Er ist sehr selten!

Die Devnāgarī besitzt für diesen Laut kein Schriftzeichen. Im folgenden wird /ʒ/ durch फ़ wiedergegeben.

Vgl. /z/: ज = /ʒ/ : फ़

ʒaːlaˑ   mɪʒgãˑ   ʒaːʒ   फ़ाला   मिफ़गाँ   फ़ाफ़

/ɟ/ = palataler stimmhafter Laut, zur Affrikata neigend

{ ABER NICHT 'dsch'!
{ Nur 'dsch'-ähnlich!

ɟʌmnaˑ   ɟʌmaːnaˑ   ɟʌn   जमना   जमाना   जन
ɟʌb   ɟæːən   ɟʊg   जब   जैन   जुग
ɟʌŋgʌl   ɟʊlaːʰa   ɟeːl   जंगल   जुलाहा   जेल
ɟaːsuːs   ɟoːʃ   ɟoːgiˑ   जासूस   जोश   जोगी
ɟoː   haːɟiˑ   sʌɟiːlaˑ   जो   हाजी   सजीला
bʌɟeˑ   hʊɟuːm   baːɟa   बजे   हुजूम   बाजा
seːɟ   ʌnaːɟ   laːɟ   सेज   अनाज   लाज
mɔ̃ːɟ   fɔ̃ːɟ   मौज   फ़ौज

/ɲ/ = palataler stimmhafter Nasal

Vgl. jeweils den ersten Teil von /ɲ/ in franz.: di__gn__e, ital.: de__gn__o, span.: ni__ñ__o

/ɲ/ ist in der Hindī Allophon zu /n/ vor Palatalen

ʌɲɟʌn   ɪɲɟiːl   अंजन   इन्जील

Anm.: Dieser Palatallaut ist in Lehnwörtern richtiger mit श statt mit Anusvār zu schreiben.

Hier wird aus schreibtechnischen Gründen Anusvār gebraucht.

Verschlußlaut mit im Deutschen unbekannten Phonemoppositionen

Die Velare

(Vgl. oben /g/)

/k/ = velarer stimmloser Verschlußlaut

Vgl. frz.: <u>c</u>amp, é<u>c</u>ole, don<u>c</u>
Im Deutschen ist das /k/ leicht aspiriert: kam /kʰaːm/

gʌʃ	kʌʃ		गश	कश		
gaːm	kaːm		गाम	काम		
gaːn	kaːn		गान	कान		
gʊl	kʊl		गुल	कुल		
goːl	koːl		गोल	कोल		
gumaːn	kʌmaːn		गुमान	कमान		
kaːkaː	koːkɪlaː	ʌkeːlaː	काका	कोकिला	अकेला	
kæ̃ːsaː	kaːjʌz	ʃʌŋkaː	कैसा	कागज़	शंका	
sʌknaː	sẽːknaː	eːk	सकना	सेंकना	एक	
neːk	ʃaːk	kuːk	नेक	शाक	कूक	
ʌŋk	kæ̃ːse hoː?		अंक	कैसे हो?		
ʊs kaː naːm kaːmɪl hæ̃			उस का नाम कामिल है			

/kh/ = velarer stimmloser aspirierter Verschlußlaut

gaːnaˑ	kaːnaˑ	khaːnaˑ	गाना	काना	खाना
khʌl	kheːl	kheːnaˑ	खुल	खेल	खेना
kheːlnaˑ	khoːnaˑ	khɔːˑlnaˑ	खेलना	खोना	खोलना
khoːɟ	khɪlaːnaˑ	khɪsnaˑ	खोज	खिलाना	खिसना
khiːɟnaˑ	khul ɟaːnaˑ	ãːˀkʰ	खीजना	खुल जाना	आँख
sʊkhiˑ	ɟoːkhõˑ	laːkhõˑ	सुखी	जोखों	लाखों
kheːl	leːkʰ	mʊkʰ	खेल	लेख	मुख

Achtung! Bei stimmlosen Aspiraten ist die Aspiration stimmlos. Bei stimmhaften Aspiraten ist die Aspiration stimmhaft.

Volle Aspiration tritt nur vorvokalisch auf. Vorkonsonantisch und auslautend ist die Aspiration nur schwach und kann sogar aufgehoben werden.

ãːˀkhõ̃ ãːˀkhõ̃ mẽ	आँखों आँखों में
ɪn mẽ se kɪsaːn kɔ̃ːn hæ̃ˑ?	इन में से किसान कौन है?
kɔ̃ːn kheːlaˑ? — koˑi nʌʰĩˑ	कौन खेला? — कोई नहीं
khaːnaˑ kɪs ka hæ̃ˑ?	खाना किस का है?
ʊs ki ãːˀkhẽˑ kaːliˑ hæ̃ˑ	उस की आँखें काली हैं

/gʱ/ = velarer stimmhafter aspirierter Verschlußlaut

gaː	gʱaː		गा	घा	
gʱiː	gʱaːs	gʱuːmna·	घी	घास	घूमना
gʱulna·	gʱɪsna·	gʱumaːna·	घुलना	घिसना	घुमाना
gʱusna·	gʱõːsla·	gʱoːlna·	घुसना	घोंसला	घोलना
meːgʱ	gʱʌna·	sɪŋgʱ (!)	मेघ	घना	सिंह (!)

Die Velarreihe

kʌ   kʰʌ   gʌ   gʱʌ   ŋʌ   क ख ग घ ङ·

Die Labiale

(Siehe oben /b/)

/p/ = bilabialer stimmloser Verschlußlaut

baːbuː	baːpu·	baːpuːɟiː	बाबू	बापू	बापूजी
ɟʌb	ɟʌp	paːni·	जब	जप	पानी
ʌb	ʌpna·	aːp	अब	अपना	आप
pʌŋkʰ			पंख		
aːp ke paːs pæ̃ːsa nʌʱĩ?			आप के पास पैसा नहीं?		
paːni· piːna· mʌna· hæ̃			पानी पीना मना है		
piːne ka paːni·			पीने का पानी		

/pʰ/ = bilabialer stimmloser aspirierter Verschlußlaut

Im Deutschen ist die bilabiale Tenuis vorvokalisch schwach aspiriert: Paul [pʰaul]

pul	phu:l	phʌl	पुल	फूल	फल
pʰẽːʰkna·	pʰæ̃ːˀli	pha:gun	फेंकना	फैली	फागुन
phi:ka·	phã:si	sʌphʌl	फीका	फाँसी	सफल
phɪsʌlna·	ɟa:mphʌl		फिसलना	जामफल	
e:k phʌl pa:ni: mẽ hæ̃ː			एक फल पानी में है		
xu:ni: ko phã:si: ki sʌza: hui hæ̃ː			खूनी को फाँसी की सज़ा हुई है		

[bh] = bilabialer stimmhafter aspirierter Verschlußlaut

Man hüte sich, b + h zu sprechen!

ba:l	bha:la·	bha·i	बाल	भाला	भाई
bhe:ɟna·	bho:ɟʌn	bhʌga:na·	भेजना	भोजन	भगाना
bha:gna·	bhu:lna·	bhʌla·i	भागना	भूलना	भलाई
sʌb	sʌbhi:	ʌbhi:	सब	सभी	अभी
kʌbhi:	bhi:	la:bʰ	कभी	भी	लाभ
ʃo:bha·	nɪbha·o		शोभा	निभाओ	
ba·pu·ɟi· bhu:l gʌe			बापूजी भूल गये		
la:b‿hi: la:bʰ (!)			लाभ ही लाभ		
mæ̃ː bhu:kha· hũ			मैं भूखा हूँ		
hʌm bhu:khe· hæ̃ː			हम भूखे हैं		
hʌmẽ bhu:kʰ lʌgi hæ̃ː			हमें भूख लगी है		
bha·i bæʰɪn			भाई बहिन		
a:p ke bha·i bʌmbʌi mẽ hæ̃ː			आप के भाई बम्बई में हैं		

Die Bilabial-Reihe

pʌ phʌ bʌ bhʌ mʌ   प   फ   ब   भ   म

Die Halbvokale

/ĭ/ = halbkonsonantisches
    i = i in konsonanti-
    scher Funktion

Vgl. engl.: yet
    frz.: payer

Nicht dt. j! Deutsches /j/
ist ein palataler Reibelaut,
die stimmhafte Opposition zu
/ç/ (vgl. 'ich').

ĭaː	ĭʌʰaː	ĭõː	या	यहाँ	यों
ĭʌʰĭː	kĭaː	kĭaː	यहीं	किया	क्या
khaːĭa	gʌĭaː	aːĭa	खाया	गया	आया
lĭaː	laːĭa	kĭõː	लिया	लाया	क्यों
gaːĭ	ʃʌkĭa	ĭoːg	गाय	शक्य	योग
ĭoːgĭa	saŭbhaːgĭa	ghaːĭʌl	योग्य	सौभाग्य	घायल

Anm.: Wenn heute in Partizipialformen in der Devnāgarī zwischen Vokal und folgendem e oder i 'y' geschrieben wird, so ist dies eine formal-grammatische Angelegenheit. In der Aussprache macht das Schriftzeichen keinen Unterschied, da zwischen Vokalen verschiedener Qualität allemal ein Übergangslaut gesprochen wird, hier eben /ĭ/.

ɪs ke lĭĕ		lĭĕː	इस के लिए	लिये
gʌĭ	aːĭĕ	ɟaːĭĕː	गयी	आइए	जाइए
kiːɟĭĕ	piːɟĭĕ		कीजिए	पीजिए
paːniː nʌ piːɟĭĕ			पानी न पीजिए	

/ʋ/ = labio-dentaler stimmhafter Reibelaut

 (Nach Konsonant in Skt.-
 Wörtern Halbvokal)

Die Lippen sind gespreizter
als beim deutschen /v/; die
Berührung zwischen Zähnen und
Lippe ist weniger eng.

ʋa·	ʋe·	ʋʌʰã·	वा	वे	वहाँ
ʋa·li·	ʋa·ĭu	ʋa·kĭɔ	वाली	वायु	वाक्य
ʌʋinaʃ	ʋĭa·s	ʋĭa·ĭa·m	अविनाश	व्यास	व्यायाम
nʌʋi·n	bʰa·ŏ(!)	sʋʌbʰa·ŏ(!)	नवीन	भाव	स्वभाव
ʃʌʋ	gʰa·ŏ(!)		शव	घाव	
lʌʋ	ʋĭa·kul		लव	व्याकुल	

Anm.: Die Wörter auf -आँव enden in der Aussprache auf
-/a·õ̃/

ga·õ̃	pa·õ̃		गाँव	पाँव	

jo· lo:g ʋʌʰã· hæ̃·, ʋe· ʋs ke·   जो लोग वहाँ हैं, वे उस के भाई
bʰa·i hæ̃·   हैं।

Vokalvarianten

/æʰ/ = (kurz)vokalische Variante zu /æ̃/ in
 der Umgebung von /h/

In weniger gebildeter Aussprache tritt statt /æʰ/
vorkonsonantisch /æʰɪ/ ein.

kæ̃·ːsa	kæʰna·	gæʰna·	कैसा	कहना	गहना
pæʰla·	bæʰna·	mæʰɪ̃·ga·	पहला	बहना	महँगा
ĭæ mæʰɪæl 'kɪs ka hæ̃ː?			यह महल किस का है?		

Merke:

    जगह   /jægɑh/ oder /jʌgɑ·/

    तरह   /tʌræh/ oder /tʌrɑ·/

In Fremdwörtern persischen Ursprungs wird /æ/ heute zumeist e geschrieben:

    मेहरबानी   /mæʰrbɑ·ni·/

/o/ = (kurz)vokalische Variante zu /o:/

Diese Variante tritt in dem Worte वह /vo/, häufig in बहुत /boʰot/ statt /bʌʰut/, in der arabischen Kompositionspartikel und Konjunktion ओ /o/ und in Fremdwörtern arabischen Ursprungs als Variante zu /u/ vor /h/ auf:

    मुहब्बत   /moʰʌbbʌt/

In weniger sorgfältiger Aussprache tritt überall, wo o geschrieben wird, in der Aussprache /o:/ auf - evtl. mit satzphonetischer Kürzung.

/r̄/ = alveolarer temporaler Verschlußlaut

Die Zunge schlägt im allgemeinen zweimal nach unten

Man hüte sich vor deutschem uvularen r /R/!

rɑ·jɑ·	rɑ·ni·	rɑ·jjɑ	राजा	रानी	राज्य
rɑ·m	rʌŋg	rʌzɑ·	राम	रंग	रज़ा
surɑ·ʰi·	ʃʌrɑ·b	ʌre·	सुराही	शराब	अरे
sɑ·rɑ·	me·rɑ	gʌri·b	सारा	मेरा	ग़रीब
vʌɣæ·rɑ	murɣi·	murɣ	वगैरा	मुर्गी	मुर्ग़
kʌrnɑ·	jugrɑ·fiɲɑ·		करना		जुग़राफ़िया

ʃiɡʱrʌm	gʌrm	nʌrm	शीघ्रम्	गर्म	नर्म
nʌmr	ʃʌrm	faːrsiː	नम्र	शर्म	फ़ारसी
ʌkʌrmi·	bʌrf	græʱ	अकर्मी	बर्फ़	गृह
preːm	ʌŋgreːziː		प्रेम	अंग्रेज़ी	
baːraː*⁾	gĩaːrʌ·*⁾	ʃʌriːr	बारह	ग्यारह	शरीर
ɔːr	xʌbʌr	ʌxbaːr	और	ख़बर	अख़बार
ʋiːr	aːʱaːr	ʌnaːr	वीर	आहार	अनार
ɪŋkaːr	ghʌr	gheːr	इनकार	घर	घेर
sʌfʌr	kaːfɪr	ʌmbaːr	सफ़र	काफ़िर	अंबार
ɡæ̃ːr	bʌɡæ̃ːr	grɪʱ	गैर	बगैर	गृह
ʌfsʌr	ʌkʃʌr	rɪbhu	अफ़सर	अक्षर	ऋभु

jæ saːmneː hʌmaːraː ghʌr hæɛ̃   यह सामने हमारा घर है

Die fünfte Konsonantenreihe des Devnāgarī-Alfabets

| jʌ | rʌ | lʌ | ʋʌ | य | र | ल | व |

Die Palatale

[c] = stimmloser Palatal, zur Affrikata neigend { ABER NICHT 'tsch'! nur 'tsch'-ähnlich! }

tʃʌl	cʌl	caːr	जल	चल	चार
cɔ̃ːk	cuːlha·	ciːn	चौक	चूल्हा	चीन
cʌlna·	caːlaːk	ciːl	चलना	चालाक	चील
bʌcpʌn	pʌciːs	poɦɔ̃cna·	बचपन	पचीस	पहुँचना
pãːc	cʌlaː jaːnaː		पाँच	चला जाना	
poɦɔ̃c jaːnaː			पहुँच जाना		

*⁾auch: baːrʌʱ, gĩaːrʌʱ

/ch/ = stimmlose palatale Aspirata

pʰõtõʳcna·	chaːĩa·	churi
chɔ̃ːk	chɛ	
pʌrchaĩ	mʌcʰliˑ	kucʰ
caːr	pã̃ːʳc	mʌcʰliĩã·

पहुँचाया	छाया	छुरी
छौंक	छः	
परछाईं	मछली	कुछ
चार पाँच मछलियाँ		

/jh/ = stimmhafte palatale Aspirata

ɟʌrmʌn	ɟhuːla·	ɟhuk
muɟheˑ	muɟ⁽ʰ⁾ koˑ	
muɟheˑ buxaːr hæɜ		
hʌm ɟhuːlõ· pʌr ɟhuːlẽ·ⁿge		
muɟheˑ bhuːk⁽ʰ⁾ lʌgiˑ hæɜ		

जर्मन	फूला	झुक
मुझे	मुझ को	
मुझे बुखार है		
हम फूलों पर फूलेंगे		
मुझे भूख लगी है		

Die Palatal-Reihe

| cʌ | chʌ | ɟʌ | ɟhʌ | ɲ⁽ⁱ⁾ʌ | च | छ | ज | झ | ञ |

Die Dentale und Retroflexe

Die Dentale

Zungenstellung bei den Dentalen

Zungenstellung bei den deutschen Alveolaren

/d̪/ = dentaler stimmhafter
       Verschlußlaut

Das deutsche /d/ ist alveolar! Die Zungenspitze berührt das Zahnfleisch hinter der oberen Zahnreihe.

Beim /d/ der Hindī berührt die Zungenspitze die Unterkante der oberen Zahnreihe!

Vgl. frz.: dédire, lourde

daːl	doː	deːnaː
dɪn	diːn	aːdʌm
ʌndʌr	xʊdaː	bʌndʌr
draːkʃaː	aːdmiː	ɟʌldiː
bʌdlaːnaː	baːd	bʌd
ɟʌld	aːnʌnd	dʊʃmʌn
doːhaː	suːrdaːs	dʌrʋaːzaː
dʋaːr	dʌrd	dʌʋaː
ʃaːɪ̃d	ʋaːlɪd	

दाल	दो	देना
दिन	दीन	आदम
अंदर	खुदा	बंदर
द्राक्षा	आदमी	जल्दी
बदलाना	बाद	बद
जल्द	आनंद	दुश्मन
दोहा	सूरदास	दरवाज़ा
द्वार	दर्द	दवा
शायद	वालिद	

/t̪/ = dentaler stimmloser
       Verschlußlaut

Das deutsche /t/ ist alveolar und vorvokalisch und im absoluten Auslaut leicht aspiriert!

Beim /t/ der Hindī berührt die Zungenspitze die Unterkante der oberen Zahnreihe. Es tritt keine Aspiration ein!

Vgl. frz.: titiller, muette

dɪn	tiːn	tʌb
tʌleː	tʌkɪaː	tʌsliːm

दीन	तीन	तब
तले	तकिया	तस्लीम

teːraː	tʌntriː	tiaːg	तेरा	तंत्री	त्याग
toːtaː	tʃɔːr	tʃɔːbaː	तोता	तोर	तोबा
sʌtia	pʌtaː	hʌtiaː	सत्य	पता	हत्या
mr̥tiu	ʌtiʌnt	vʌstr	मृत्यु	अत्यंत	वस्त्र
boʱot (bʌʱut)			बहुत		
eːk	doː	tiːn	एक	दो	तीन
caːr	pãːc	chæː	चार	पाँच	छः
saːt			सात		

/th̲/ = dentaler aspirierter
stimmloser Verschluß-
laut

Zungenstellung wie beim /t/,
Aspiration stärker als beim
deutschen /t/!

taːn	thaːn		तान	थान		
thaː	theː	thiː	thĩː	था	थे	थी	थीं
tʌthaː	tʌthaːstu	poːthiː	तथा	तथास्तु	पोथी
rʌth	prʌthaː	ʌrth	रथ	पथा	अर्थ
mʌthuraː	svaːsthia		मथुरा	स्वास्थ्य	
bʌntaː thaː			बनता था		
tum us ke saːt⁽ʰ⁾ saːt⁽ʰ⁾ cʌloːgeː			तुम उस के साथ साथ चलोगे		

/d̲h̲/ = dentaler aspirierter
stimmhafter Verschluß-
laut

Zungenstellung wie beim /d/.
Nicht d + h!

daːm	dhaːm	dhʌrm
दाम	धाम	धर्म

dhu:p	dʱjeːĩə	ʌdhʌrmiˑ	धूप	ध्येय	अधर्मी	
gʌdhaː	siːdhaˑ	duːdʱ	गधा	सीधा	दूध	
ʌgaːdʱ	pɔː̃dʱ	joːdʱbaˑi	अगाध	पौध	जोधबाई	
ʌu̯/ʌdʱ			औषध			

Die Dental-Reihe

tʌ t̂ʱʌ dʌ d̂ʱʌ nʌ   त थ द ध न

Die Retroflexe

Zungenstellung bei den Retroflexen

Der vordere Zungenteil wird breit an den vorderen Gaumen hinter der Alveolargegend hochgebogen. Die Zungenspitze wird <u>nicht zurückgebogen</u>! (nicht 'umgeschlagen')

Die deutschen Alveolare /t/ und /d/ liegen zwischen den Hindī-Dentalen und -Retroflexen.

Die deutsche Aspiration der Verschlußlaute ist in allen Fällen leichter als in der Hindī.

Aus beiden Gründen sind die Phonemoppositionen der Hindī für Deutschsprachige so schwer zu unterscheiden. Das Gehör des Deutschsprachigen muß sich erst auf die fremden Oppositionen einstellen.

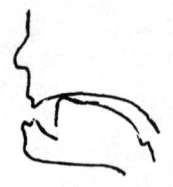

/t/ = retroflexer stimmloser Verschlußlaut

moːtiˑ	moːtiˑ	mʌtʌr	मोती	मोटी	मटर
kaːṭoˑ	hʌṭaːna	cʌṭaˑi	काटो	हटाना	चटाई
ghʌṭaː	ɟʌṭaː	ṭʌlnaˑ	घट	जट	टलना
ṭaːṭ	lɔ̃ːṭnaˑ	aːʰʌṭ	वाट	लौटना	आहट
bhẽːṭ	ṭuːṭnaˑ	nʌṭ	भेंट	टूटना	नट
nʌṭkhʌṭ	ũːṭ	ghaːṭ	नटखट	ऊंट	घाट
paːṭ	mʌhaːraːʃṭr		पाट	महाराष्ट्र	
baːṭ	baːṭ	baːd	बात	बाट	बाद

/ṭh/ = retroflexer stimmloser aspirierter Verschlußlaut

paːṭ	paːṭʰ	aːṭʰ	पाट	पाठ	आठ
uṭʰnaˑ	bæ̃ːṭʰna	saːṭʰ	उठना	बैठना	साठ
pʌṭhaːn	ṭhiːk	ṭhʌg	पठान	ठीक	ठग
piːṭʰ	sɔ̃ːṭʰ	ṭhæʰrna	पीठ	सोंठ	ठहरना
bæ̃ːṭ(ʰ)ta	hæ̃		बैठता है		

/ḍ/ = retroflexer stimmhafter Verschlußlaut

dʌs	ḍʌs	ḍʌr	दस	डस	डर
ḍaːk	ḍaːlna	pʌṇḍɪt	डाक	डालना	पण्डित

/ṇ/ = retroflexer stimmhafter Nasal

Nur vor retroflexen Verschlußlauten

ʌṇḍaˑ	ṭhʌṇḍaˑ	ṭhʌṇḍaˑ	अंडा	फंडा	ठंडा

[ḍh] = retroflexer stimmhafter aspirierter Verschlußlaut

ḍhoːnaˑ	ḍhoːnaˑ	ḍhaˑi	धोना	ढोना	ढाई
ḍhiːla	ḍhiːṭ	ḍhʌŋg	ढीला	ढीट	ढंग
ḍhʌknaˑ			ढकना		

pʌnjaːb mẽ ɔ̃ːrtẽˑ ḍhoːlʌk ke saːt̪ʰ(h) पंजाब में औरतें ढोलक के साथ
 gaːtiˑ hæ̃ ग़ाती हैं

ve boʱod̪ beˑḍhʌŋgiˑ baːtẽˑ kʌrte the वे बहुत बेढंगी बातें करते हैं

Die Retroflexreihe

ṭʌ	ṭhʌ	ḍʌ	ḍhʌ	ट	ठ	ड	ढ

[ɽ] = retroflexer stimmhafter temporaler Teilverschlußlaut

Die Zunge wird e i n m a l zurückgeschlagen

moːr	moːɽ	bʌɽaː	मोर	मोड़	बड़ा
khʌɽaː	lʌɽaːi	saːɽiˑ	खड़ा	लड़ाई	साड़ी
pʌɽaː	dɔ̃ːɽnaˑ	lʌɽnaˑ	पड़ा	दौड़ना	लड़ना
lʌɽkaˑ	pʌɽnaˑ	pʌʱaːɽ	लड़का	पड़ना	पहाड़
phaːɽ	bhiːɽ		फाड़	भीड़	
peːɽ			पेड़		

eːk lʌɽkaˑ ɔ̃ːr eːk lʌɽkiˑ dɔ̃ːɽ एक लड़का और एक लड़की दौड़
 rʌʱe hæ̃ रहे हैं

/ɽʱ/ = retroflexer stimmhafter aspirierter temporaler Teilverschlußlaut

Die Zunge wird nur e i n - mal zurückgeschlagen.

ɖhaːi	ʌɽhaːi	gʌɽʱ	ढाई	अढ़ाई	गढ़
buːɽha	pʌɽhoː	pʌɽʱ	बूढ़ा	पढ़ो	पढ़
pʌɽhiiːe			पढ़िए		
iæ paːtʰ pʌɽʱnaː hæɜ̃			यह पाठ पढ़ना है		

/ɽ̃/ = nasaler retroflexer stimmhafter temporaler Teilverschlußlaut
= retroflexer stimmhafter Nasal mit einem "flap" (Die Zunge wird einmal zurückgeschlagen)

In der Hindī nur in der Aussprache Gebildeter realisiert.

In der Urdū regelmäßig durch /n/ ersetzt

naːm	prʌɽ̃aːm	gʌɽ̃eːʃ	नाम	पणाम	गणेश
praɽ̃iː	praːɽ̃	prʌmaːɽ̃	प्राणी	प्राण	प्रमाण
mʌɽ̃i	gʌɽ̃pʌti	braːʰmʌɽ̃	मणि	गणपति	ब्राह्मण
kʌɽ̃	ʃʌrʌɽ̃	kʌruɽ̃	कण	शरण	करुण
lʌkʃmʌɽ̃	dʌkʃiɽ̃	kʌlĩaːɽ̃	लक्ष्मण	दक्षिण	कल्याण
kr̩ʃɽ̃(ə)	vʌrɽ̃		कृष्ण	वर्ण	
raːm ke choːʈeː bhaːi ka naːm lʌkʃmʌɽ̃ thaː			राम के छोटे भाई का नाम लक्ष्मण था		

Die vollständige Retroflex-
reihe

ṭ˄   ṭʰ˄   ḍ˄   ḍʰ˄   ट   ठ   ड   ढ

ḷ˄   ḷʰ˄   ḷ̃˄   ड़   ढ़   ण

/q/ = uvularer stimmloser
      Verschlußlaut

In der Hindī oft durch /k/
ersetzt

kaːf	qaːt	qʌlʌm	क़ाफ़	क़ाफ़	कुलम
qiːmaˑ		qʌmiːz	क़ीमा		कुमीज़
qṣ̃ɔm		qʌndiːl	क़ौम		कुन्दील
qaːbil	rʌqʌm	baːqiˑ	क़ाबिल	रक़म	बाक़ी
muqabɪlaˑ	fʌqʌt	muqʌd(h)maˑ	मुक़ाबिला	फ़क़त	मुक़दमा
sʌliːqaˑ	vʌqt	laːĩq (laːɪq)	सलीक़ा	वक़्त	लायक़

Einige Besonderheiten

Weitere Aspiraten

Während es zu den bisher er-
wähnten Aspiraten keine Opposition /Konsonant + h/ (als
Konsonanten g r u p p e) gibt,
besteht eine solche Opposition
neben den folgenden Aspiraten

/n̄h/ = aspirierter alveolarer
       Nasal

/m̄h/ = aspirierter bilabialer
       Nasal

/l̄h/ = aspirierter lokaler
       Teilverschlußlaut

unhẽˑ	kumhaːr	culhaˑ	उन्हें	कुम्हार	चूल्हा
tumhaːra	kulhaːɽi		तुम्हारा	कुल्हाड़ी	

[xŭ] = Lautgruppe in persischen Fremdwörtern

xŭaɪⁿɪ/ (xŭaːʰɪ/)   ख़्वाहिश

[ʌĩ] = Diphthong

tʌĩaːr   ʃʌĩːaː   bʱʌĩːaː   तैयार   शय्या   भइया

[ʌŭ] = Diphthong

kʌŭːaˑ   hʌŭːaˑ   कव्वा   हव्वा

Lehnwörter aus dem Sanskrit werden von Sanskrit-Kundigen häufig nicht nach den Ausspracheregeln der Hindī, sondern eben des Sanskrit behandelt

ʌŭ/ʌdʱaːlʌɪə   nĩaːĩʌtə^ʰ   ʌĩkĩə   औषधालय   न्यायतः   ऐक्य

(Weitere Besonderheiten zu Einzelwörtern bei Gelegenheit in Teil II)

[i] und [u] kommend auslautend nur in Lehnwörtern aus dem Sanskrit vor. Im Munde Ungebildeter werden sie in diesem Falle durch [iː] bzw. [uː] ersetzt. In der Urdū kommen auslautend überhaupt nur [iː] und [uː] vor.

Die Langkonsonanten

Treffen zwei Konsonanten in der Aussprache zusammen, so findet zwischen ihnen (d. h. nach dem ersten) keine Plosion (Lösung des Verschlusses) statt. Zwei Konsonanten gleicher Qualität ergeben daher in einem solchen Falle einen Langkonsonanten.

Bei Aspiraten kann natürlich nur der Verschluß gelängt werden.

Anm.: Im folgenden wird eine Auswahl der vorkommenden Langkonsonanten zum Einüben geboten. Langkonsonanten treten natürlich auch im Satzsandhi auf, wenn in einer Wortgruppe ein Wort mit einem Konsonanten schließt und das folgende Wort mit dem gleichen Konsonanten (aspiriert oder nichtaspiriert) beginnt.

/kk/

| ʃɪkaːr | ʃʌkkʌr | pʌkkaˑ | शिकार | शक्कर | पक्का |
| ɪkkaˑ | mʌkkaˑr | ǰʰʌkkiˑ | इक्का | मक्कार | झक्की |

/qq/

| hʌq | huqqaˑ | tʌrʌqqiˑ | हक़ | हुक़्क़ा | तरक़्क़ी |
| nʌqqaːʃ | | | नक़्क़ाश | | |

/kkh/

| laːkʰ | dʌkkʰɪn | mʌkkʰiˑ | लाख | दक्खिन | मक्खी |
| mʌkkʰʌn | duk^{kh} | rʌkkʰaˑ (!) | मक्खन | दुःख¹) | रख़ा¹) |

/c̄c/

Natürlich wird auch hier nur der Verschluß gelängt.

| bʌcaː | bʌccaˑ | sʌccaˑ | बचा | बच्चा | सच्चा |
| kʌccaˑ | pʌcciːs | | कच्चा | पच्चीस | |

/c̄ch/

| kuc^h | tuc^{ch} | mʌccʰʌr | कुछ | तुच्छ | मच्छर |
| ʌccʰaˑ | ɪccʰaˑ | mleːc^{ch} | अच्छा | इच्छा | म्लेच्छ |

---

1) Vgl. Seite 55, § 7!

/jj/
| lʌjaː | lʌjjaʴ | sʌjjʌn | लज्ज | लज्जा | सज्जन |
| taːjjub | | | ताज्जुब | | |

/ṭṭ/
mʌṭʌr	kʌṭṭʌr	khʌṭṭaʴ	मटर	कट्टर	खट्टा
mɪṭṭiʴ	lʌṭṭuʴ	sʌṭṭaʴ	मिट्टी	लट्टू	सट्टा
pʌṭṭiʴ			पट्टी		

/ṭṭʰ/
| kʌṭʰoːr | gʌṭṭʰʌr | cɪṭṭʰiʴ | कठोर | गट्ठर | चिट्ठी |
| lʌṭṭʰaʴ | | | लट्ठा | | |

/ḍḍ/
| nɪḍʌr | lʌḍḍuʴ | hʌḍḍiʴ | निडर | लड्डू | हड्डी |
| ʌḍḍaʴ | kʌbʌḍḍiʴ | | अड्डा | कबड्डी | |

/ḍḍʰ/
| uḍʰaːi | buḍḍʰaʴ | | उढ़ाई | बुड्ढा | |

/tt/
| utʌr | uttʌr | kuttaʴ | उतर | उत्तर | कुत्ता |
| sʌttaʴ | pʌttaʴ | ɪttɪfaːq | सत्ता | पत्ता | इत्तिफ़ाक़ |

/ttʰ/
| tʌtʰaʴ | kʌttʰaʴ | | तथा | कत्था | |

/dd/
| sʌdaː | gʌddaʴ | kʌdduʴ | सदा | गद्दा | कद्दू |
| rʌddiʴ | lʌdduʴ | | रद्दी | लद्दू | |

/ ḍḍ /
| gadho· | budd^h buddhimaːn | गधा | बुद्ध | बुद्धिमान |

/ nn /
suna:	sunna·	banna·	सुना	सुनना	बनना
unnʌtɪ	sʌnnaːṭa	ʌnn	उन्नति	सन्नाटा	अन्न
prʌsʌnn			प्रसन्न		

/ pp /
| rupiːa· (!) | dhʌppa· | gʌppiˑ | रुपया | धप्पा | गप्पी |

/ bb /
| dʌba· | ḍibbi· | ʌbbu· | दबा | डिब्बी | अब्बा |
| dhʌbbu· | moħʌbbʌt | | धब्बा | मुहब्बत | |

/ mm /
| kʌmʌl | ummiːd | ʌmmãː | कमल | उम्मीद | अम्माँ |
| hɪmmʌt | mʌrʌmmʌt | | हिम्मत | मरम्मत | |

/ iː /
| diːa· | tʌiːaˑriˑ | | दिया | तैयारी (तय्यारी) | |
| ʃʌiːa· | sʌiːʌd | bhʌiːa· | शय्या | सैयद | भैया |

/ rr /
| puruʃ | dʌrra· | sʌrraˑfi· | पुरुष | दर्रा | सर्राफ़ी |
| muqʌrrʌr | cʌrraˑna· | | मुक़र्रर | चर्राना | |

/ ll /
aːlʌs	ʌllaːh	ɟʌllaːd	आलस	अल्लाह	जल्लाद
cɪllaˑna·	tʌkʌlluf	pʌlla·	चिल्लाना	तकल्लुफ़	पल्ला
ʊllu·			उल्लू		

/ʊʊ/

kʌʋɪta·   kʋʋʋʌt   ʌʋʋʌl   कविता   कुṇवत   अव्वल

mʊsʌʋʋɪr   मुसव्विर

/ss/

ɪse·   ɪs s̱e·   hɪssa·   इसे   इस से   हिस्सा

ɣʊssa·   rʌssi·   गुस्सा   रस्सी

/zz/

la:zɪm   lʌzzʌt   ɪzzʌt   लाज़िम   लज़्ज़त   इज़्ज़त

/ff/

sʌfʌr   ɣʌffa:r   lʌffa·zi·   सफ़र   ग़फ़्फ़ार   लफ़्फ़ाज़ी

Über metrische und satzrhythmische Veränderungen der Vokalquantität soll in dieser praktischen Einführung nicht gehandelt werden[1]).

---

[1]) Hierzu ist in Kürze eine Abhandlung von Prof. Abadi, Lahore, West-Pakistan, zu erwarten

Die Devnāgarī-Schrift

Das Alfabet

		अ	ʌ			आ	a:		
		इ	ɪ			ई	i:		
		उ	ʊ			ऊ	u:		
				ऋ	rɪ				
		ए	e:			ऐ	ʌi̯		
		ओ	o:			औ	ʌu̯		
क	kʌ	ख	k͡hʌ	ग	gʌ	घ	g͡ɦʌ	ङ	ŋʌ
च	cʌ	छ	c͡hʌ	ज	ɟʌ	झ	ɟ͡ɦʌ	ञ	ɲʌ
ट	ʈʌ	ठ	ʈ͡hʌ	ड	ɖʌ	ढ	ɖ͡ɦʌ	ण	ɳʌ
त	tʌ	थ	t͡hʌ	द	dʌ	ध	d͡ɦʌ	न	nʌ
प	pʌ	फ	p͡hʌ	ब	bʌ	भ	b͡ɦʌ	म	mʌ
य	i̯ʌ	र	rʌ	ल	lʌ	व	ʋʌ		
श	ɕʌ	ष	ʂʌ	स	sʌ				
ह	ɦʌ								
ड़	ɽʌ	ढ़	ɽ͡ɦʌ						

Bemerkungen zur Devnāgarī-Schrift

Da das Devnāgarī-Alfabet seit alter Zeit besteht, sind einige Unstimmigkeiten zwischen der ursprünglichen, phonetisch exakten Ordnung und der heutigen Aussprache der Buchstaben entstanden. Für mehrere Phoneme der modernen Hindī gibt es keine eigenen Buchstaben. Man hilft sich zumeist mit diakritischen Zeichen (Vgl. द़ /ɺ̣/, द़ /ɽ̣/). Die Zeichen ङ und ञ werden in der modernen Orthographie selten verwendet, vielmehr wird Nasalkonsonant vor Konsonant durch den sogenannten "Anusvār" (˙) bezeichnet. Richtig sollten die Nasalkonsonanten in Lehnwörtern aus dem Sanskrit geschrieben werden.

Die Vokalzeichen des Devnāgarī-Alfabets werden nur am Silbenanfang verwendet. Im Silbeninlaut und am Silbenauslaut werden Ligaturen mit den Konsonantenzeichen gebraucht.

Den Konsonantenzeichen des Devnāgarī-Alfabets ist in der Aussprache der Vokal /ʌ/ nach dem jeweiligen Konsonanten inhärent. Folgt dem Konsonanten ein anderer Vokal oder unmittelbar ein Konsonant, so werden im allgemeinen Ligaturen geschrieben. Statt Ligatur zweier Konsonantenzeichen kann auch dem ersten Konsonantenzeichen ein ् angefügt werden. Das Zeichen ् bedeutet, daß der Konsonant allein, ohne folgendes /ʌ/ gesprochen werden soll:

क kʌ   क् k   ख khʌ   ख् kh   ड dʌ   ड् d

Nachkonsonantisches /ʌ/ ist außerdem stumm (ohne daß geschrieben würde):

1. am Wortende

    अब   ʌb

    डाक   dɑːk

Ausnahmen: Die Konsonantennamen

    न   nʌ   'nicht'

    व   ʋʌ   'oder'

2. in mehrsilbigen Wörtern (soweit sie nicht nach 1 konsonantisch enden und dadurch ein- oder zweisilbig werden) nach dem zweiten Schriftzeichen, wenn dieses nur

e i n e n Konsonanten repräsentiert (also keine Ligatur ist):

> मतलब mʌtlʌb
>
> आदमी aːdmi·
>
> निकला nɪkla·

aber:

> कमल kʌmʌl

Nach mehrfacher Konsonanz (Ligatur!) wird /ʌ/ gesprochen:

> चन्दमा cʌndrʌmaː
>
> सुन्दरी sundʌri·
>
> सर्वदा sʌrʋʌda·
>
> बन्दरो bʌndʌrõ·

3. Die Suffixe '-nā' und '-tā', sowie Präfixe und Partikeln werden bei der Aussprache des nachkonsonantischen /ʌ/ wie eigene Wörter behandelt:

> समझना sʌmʌȷ̃ʰna·
>
> निकलता nɪkʌlta·

aber:

> समझा sʌmȷʰa   (समझ-आ)
>
> अचपल ʌcpʌl

4. Fremdwörter entsprechen den obigen Regeln häufig nicht. Vor allem werden Lehnwörter aus dem Sanskrit von Gebildeten nach den Ausspracheregeln dieser Sprache behandelt.

Die wichtigsten Ligaturen

Im Silbeninlaut und am Silbenauslaut werden folgende Vokalzeichen geschrieben (□ steht für einen beliebigen

Konsonanten):

अ /a:/	का /ka:/	चा /ca:/	टा /ṭa:/	ता /ta:/	रा /ra:/	
इ /i/(!)	कि /ki/	चि /ci/	टि /ṭi/	ति /ti/	रि /ri/	
ई /i:/	की /ki:/	ची /ci:/	टी /ṭi:/	ती /ti:/	री /ri:/	
उ /u/	कु /ku/	चु /cu/	टु /ṭu/	तु /tu/	रु (!) /ru/	
ऊ /u:/	कू /ku:/	चू /cu:/	टू /ṭu:/	तू /tu:/	रू (!) /ru:/	
ऋ /r̥/	कृ /kr̥/	शृ /śr̥/	पृ /pr̥/	तृ /tr̥/	बृ /br̥/	
ए /e:/	के /ke:/	चे /ce:/	टे /ṭe:/	ते /te:/	रे /re:/	
ओ /o:/	को /ko:/	चो /co:/	टो /ṭo:/	तो /to:/	रो /ro:/	
ऐ /æ:/	कै /kæ:/	चै /cæ:/	टै /ṭæ:/	तै /tæ:/	रै /ræ:/	
औ /ɔ:/	कौ /kɔ:/	चौ /cɔ:/	टौ /ṭɔ:/	तौ /tɔ:/	रौ /rɔ:/	

In Fremdwörtern können, soweit nicht die traditionellen
Zeichen der Devnāgarī-Schrift verwendet werden,

ऎ   für /e/ und

ऒ   für /o/

gesetzt werden:

काँग्रेस, कोंग्रेस   (< engl. 'congress')

Nasalvokal wird durch den sog. "(Ardha-)Candrabindu"
oder "Anunāsik" über bzw. unmittelbar rechts neben dem
Vokalzeichen angedeutet:

काँ /kã:/	काँ /kã:/	कीं /kĩ:/	कीं /kĩ:/
कूँ /kũ:/	कूँ /kũ:/	कों /kõ:/	कों /kõ:/

Treten zwei Konsonanten unmittelbar zusammen, so besteht
die Ligatur zumeist darin, daß der erste Konsonant nur
halb und der zweite unmittelbar rechts daneben oder dar-
unter geschrieben wird. (Analoges gilt für 3 und mehr
Konsonanten.) Doch sind einige Besonderheiten zu beachten. Die wichtigsten Konsonantenligaturen sind:

(Um auch die nicht-phonetische international übliche Umschrift zu zeigen, wird die Devnāgarī-Schrift im folgenden auf diese Weise umschrieben.

Die Vokalzeichen sind in dieser Umschrift:

a, ā, i, ī, u, ū, r̥, e, ai, o, au)

क्क	kk	ख्ख	kkh	क्त, क्त	kt	क्म	km
क्य	ky	क्ल, क्र	kl	क्र	kv	क्ष, क्ष	ks̥
ख्य	khy	ग्ध	gdh	ग्न	gn	ग्म	gm
ग्य	gy	ग्ल	gl	ग्व	gv	घ्न	ghn
घ्य	ghy	च्च	cc	च्छ	cch	च्य	cy
ज्ज	jj	ज्झ	jjh	ज्ञ	jñ)/gr/ ज्म	jm
ज्य	jy	ज्व	jv	ट्ट	ṭṭ	ट्ठ	ṭṭh
ड्ग	ḍg	ड्ड	ḍḍ	त्क	tk	त्त	tt
त्थ	tth	त्प	tp	त्न	tn	त्म	tm
त्य	ty	त्व	tv	त्स	ts	थ्य	thy
द्ग	dg	द्द	dd	द्ध	ddh	द्ब	dbh
द्न	dn	ध्य	dhy	ध्ब	dhb	न्त	nt
न्थ	nth	न्द	nd	न्ध	ndh	न्न, न्न	nn
न्म	nm	न्य	ny	न्व	nv	न्स	ns
न्ह	nh	प्त	pt	प्प	pp	प्फ	pph
प्न	pn	प्म	pm	प्य	py	प्ल, प्ल	pl
प्स	ps	ब्ज	bj	ब्द	bd	ब्ध	bdh
ब्ब	bb	ब्भ	bbh	ब्य	by	भ्य	bhy
म्न	mn	म्म	mm	म्य	my	म्ल	ml

---

1) Gelehrte Aussprache /jñ/ mit Nasalierung des folgenden Konsonanten!

म्ह	mh	य्य	yy	ल्म	lm	ल्द	ld
ल्प	lp	ल्ब	lb	ल्य	ly	ल्ल	ll
ल्ह	lh	व्य	vy	व्व	vv	श्च, श्र	śc
श्न, श्र	śn	श्य	śy	श्र	śr	श्र	śl
श्व	śv	ष्क	sk	ष्ट	sṭ	ष्ठ	sṭh
ष्म	sm	ष्य	sy	ष्व	sv	ष्क	sk
स्त	st	स्थ	sth	स्न	sn	स्प	sp
स्फ	sph	स्म	sm	स्य	sy	स्व	sv
स्स	ss	ह्म	hm	ह्य	hy	ह्ल	hl
ह्व	hv						

Nasalkonsonant vor Konsonant wird - außer in Lehnwörtern aus dem Sanskrit - durch "Anusvār", einen Punkt über dem <u>voraufgehenden</u> Schriftzeichen, angedeutet:

      अंग   ʌŋg

      सिंह   sɪŋgʱ (!)

      हिंदी   hɪndi·

      चँपा   cʌmpa·

Statt Anusvār k a n n in allen Fällen der Nasalkonsonant der dem folgenden Konsonanten gleichen Klasse geschrieben werden¹).

<u>r vor</u> Konsonant wurd durch ᶜ rechts über dem Konsonantenzeichen, <u>vor</u> dem es gesprochen wird, angedeutet:

      अर्ध   ʌrdʱ

      अर्धा   ʌrdʱa·

      कर्म   kʌrm

      वर्ष   ʋʌrʃ

---

1) Anusvār m u ß stehen vor y, r, l, v, ś, ṣ, s, h

r nach Konsonant wurd durch ॰ bezeichnet:

    क्र   kr

    प्र   pr

    ट्र   ṭr

Beachte:

    त्र   tr

    श्र   śr

In historisch geschriebenen Wörtern bezeichnet "Visarg" (:) nach heutiger Aussprache die Längung des folgenden Konsonanten, wenn es <u>in</u> einem Wort vorkommt:

    दु:ख   dukkh

Am Wortende und am Ende eines Kompositionsgliedes hat Visarg die Aussprache /ə/ oder - gelehrt - /ᵃʰ/:

    अत: ʌtə

    प्रात:काल   praːtəkaːl

Beachte:

    छ: chæ

Lang ist auch das ख in रखा zu sprechen: /rʌkʰaː/ (und Deklinationsformen).

Wie bereits aus Obigem ersichtlich, gibt es für einige Schriftzeichen der Devnāgarī Nebenformen:

    झ = ञ

    ण = ए

    ल = रु

    ख = ख usw.

Worttrennung am Zeilenende erfolgt im allgemeinen nach Sprechsilben. Ligaturen werden nicht getrennt; Konsonantenligaturen kommen auf die folgende Zeile:

द-म-यं-ती da-ma-yan-tī

प्-ति-ष्ठत pra-ti-ṣṭhit

Anleitung zur Schreibung der Devnāgarī-Zeichen

(Die im folgenden angeführte Art der Linienführung ist die häufigste. Es finden sich aber auch andere Anweisungen.)

	1	2	3	4	5
क					कं
ख					खं
ग			ग		
घ				घं	
च					चं
छ				छं	
ज					जं
झ					झं
ट			ट		
ठ				ठ	
ड			ड		
ढ			ढ		
ण			ण		
प				प	
फ					फ
ब					बं

usw.

Die Zahlzeichen:

१	२	३	४	५	६	७	८	९	०
1	2	3	4	5	6	7	8	9	0

Satzzeichen

In der Hindī werden die gleichen Satzzeichen wie in der lateinischen Schrift gebraucht. Die Zeichensetzung folgt den Regeln der englischen Satzzeichengebung.

Statt eines Punktes (.) schreibt man ।

Am Ende einer Strophe steht ॥

Abkürzungen

Bei Abkürzungen verwendet man einen Punkt (.) oder ○:

डा., डा०   ḍā. = ḍākṭar (engl. 'doctor')

Aussprache englischer Wörter im Hindī-Kontext

Bei der Aussprache der zahlreich verwendeten englischen Wörter in der Hindī sollte man sich den phonetischen Eigenarten seines Gesprächspartners bis zu einem gewissen Grade anpassen. Einmal klingt es auch für deutsche Ohren übertrieben pedantisch, wenn im deutschen Kontext Fremdwörter aus anderen Sprachen - falls sie nicht schon eingedeutscht sind - sorgfältig mit allen fremden Lauten pronociert werden (man denke z. B. an die Aussprache fremder Namen in den Rundfunknachrichtendiensten); und zum anderen könnte der indische Gesprächspartner bei einer korrekten englischen (oder gar amerikanischen) Lautung Verständnisschwierigkeiten haben! Er ist eben die "indo-englische" Aussprache gewohnt. Allerdings sollte man in jedem Falle die englische Akzentuierung beibehalten: 'líterature', nicht 'literáture'.

TEIL 2

Übungsbeispiele zu den einzelnen Lauten der Hindī in alfabetischer Anordnung

/⌒/

An-, in- und auslautend; allein silbenbildend, vor- und nachkonsonantisch, zwischenkonsonantisch

Jedem Konsonantenzeichen der Devnāgarī-Schrift inhärent. Soll vokalloser Konsonant geschrieben werden, so wird seinem Zeichen ('virāma', auch 'hal' oder 'halant' - eigentlich die Bezeichnung für den bloßen Konsonanten -) hinzugefügt

Fremdwörter aus dem Sanskrit (sog. 'Tatsama'-Wörter) können in allen Fällen die Sanskrit-Aussprache beibehalten. Von Sanskrit-Unkundigen werden sie aber häufig nach den Regeln der Hindī ausgesprochen. Für diese gilt:

Nachkonsonantisches '-a' ist stumm:

1. am Wortende

 अब /⌒b/

 डाक /ḍɑːk/

mit Ausnahme von

 न /n⌒/ nicht

 व /ʋ⌒/ oder

und den Konsonantennamen, z. B. क /k⌒/ usw., - also den Einsilbern vom Typ 'Konsonant + a' - sowie den (Sanskrit-)Wörtern auf '-Konsonant + ya'

 स्वास्थ्य /svɑːsthjə/

2. in mehrsilbigen Wörtern (soweit sie nicht nach 1 konsoantisch enden und dadurch ein- oder zweisilbig werden) nach dem zweiten Schriftzeichen, wenn dieses e i n e n Konsonanten repräsentiert (also keine Ligatur ist)

मतलब /mʌtlʌb/

आदमी /aːdmiˑ/

निकला /nɪklaˑ/

aber:

कमल /kʌmʌl/

Nach mehrfacher Konsonanz (Ligatur!) wird 'a' gesprochen

चन्द्रमा /cʌndrʌmaˑ/

सुन्दरी /sundʌriˑ/

सर्वदा /sʌrvʌdaˑ/

बन्दरों /bʌndʌrõˑ/

3. Die Suffixe '-nā' und '-tā', sowie Präfixe und evtl. mit dem Wort in der Schrift zu einer Einheit verbundene Partikeln werden bei der Aussprache des nachkonsonantischen 'a' wie eigene Wörter behandelt

समझना /sʌmʌjʰnaˑ/
निकलता /nɪkʌltaˑ/

aber:

समझा /sʌmjʰaˑ/

अचपल /ʌcpʌl/ ('a' ist hier nicht Präfix!)

4. Die Verbindung 'a + h' wird, wenn kein Vokal folgt /æ/ - also mit "Hauch"! - gesprochen

रहना /ræʰnaˑ/

कह /kæʰ/

Ausnahmen: यह /ɪæ/, aber यही /ɪæhiː/

वह /ʊo/, aber वही /ʊohiː/

5. Fremdwörter - außer den bereits genannten 'Tatsama'-Wörtern aus dem Sanskrit - sollten den hier genannten Regeln ebenfalls folgen. Abweichungen ergeben sich jedoch häufig durch eine von den Regeln der Hindī abweichende und dem fremden Vorbild folgende Orthographie.

Aussprachebesonderheiten in Hindī-Wörtern werden in den folgenden Beispielen angemerkt, ohne daß natürlich eine vollständige Liste solcher Ausnahmen erstrebt würde!

6. In unbetonter Silbe wird /ʌ/ zu /ə/ geschwächt

7. 'Visarg' (ː) wird wie /ʌ/ gesprochen; am Wortende auch nach Sanskritweise wie /ʌʰ/. Diese Regel gilt für das Ende eines Kompositionsgliedes oder absolutes Wortende. Im Wort längt 'Visarg' den folgenden Konsonanten

    प्रातःकाल   /praːtʌ̂kaːl/ (praːtəkaːl)

    अल्पशः   /ʌlpʌʃʌʰ/ (oder /ʌlpʌʃʌ/)

    दुःख   /dukkʰ/

/ʌ/ tritt in dem fallenden Diphthong /ʌ̃ĩ/ auf:

1. in dem Namen für den Buchstaben ऐ /ʌ̃ĩ/

2. als Aussprache des Buchstabens ऐ in Sanskrit-Wörtern im Munde Sanskrit-Kundiger

    ऐक्य   /ʌ̃ĩkĩʌ/

3. in Hindī-Wörtern

    भइ   /bʰʌ̃ĩ/ (umgangssprachlich)

/ʌ/ tritt in dem fallenden Diphthong /ʌ̃ũ/ auf:

1. in dem Namen für den Buchstaben औ /ʌ̃ũ/

2. als Aussprache des Buchstabens औ in Sanskrit-Wörtern im Munde Sanskrit-Kundiger

    औषध   /ʌ̃ũʃʌd̂ʰ/

3. in der Lautfolge '-avv-' /ʌ̃ũ/ in Hindī-Wörtern

    कव्वा, besser: कौआ /kʌ̃ũʋa/

Die Buchstabenfolge '-ayy-' wird [ʌ̃ĩː] gesprochen. Hierfür findet sich auch die Schreibung '-aiy-'; auslautend kommt '-ay' [ʌ̃ĩ] vor

तय्यार, तैयार [tʌ̃ĩːaːr], आलय [aːlʌ̃ĩ]

Beispiele zu [ʌ]:

अचल, अनादर, अऊत, अत्रणी, अंकक, अँगी, अँतग, अकल, अकाल, अखण्ड, अगुआई, अग्रग्रास, अपराध, अपेक्षा, अफल, अब, अभिनन्दित, अभिमान, अमलता, अयुग-अयुग्म, अरक्षित, अर्थ, अर्ध

अल्पश:

आकर, उत्पन्न, कर्म, खट्टय, चट्ट, मद्रसा, चना, बच्चा, जीवन, प-कड़ना, भारत, रखना, चलना, हंस, पगड़ी, पागल, ब्राह्मण, पूरक, टट्टू, घर, सड़क, सड़कों, पर, हमारा, हम, मुस्कराना, मलना, मलमल, लज्जा, शायद, लगना, बदल, कल, पचन, पश्तो, नया, नरम, [nʌrm] (नर्म), गरम [gʌrm] (गर्मी), नमस्ते, दंडक, गंगा, दखल, फरना, फलक, तरफ़, दर्दर, बर्फ़, बरस, लड़ना, लड़खड़, लपकना, सती, सत्संग

क [kʌ], न, व

कृष्ण [krɪʂɳʌ] / [krɪʂɳʌ], वर्ण

अमाग्य [ʌmaːgjə], अयोग्यता [ʌjoːgjətaː], निरालस्य, स्वास्थ्य, स्वीकार्य, मनुष्य

तरह [tʌraː] / [tʌrʌh], जगह [jʌgaː] / [jʌgæh], शहर [ʃæhr] / [ʃæhær], महल [mæhæl]

कण्वा [kʌṽvaː], भइया (भय्या, भैया) [bhʌ̃ĩːaː]

अचपल, हमारा घर, बचपन, मोहन, मसलन, मनोज, लड़खड़ाना लटपटाना, जहाँ-तहाँ, नरायण

/a:/

An-, in- und auslautend; allein silbenbildend, vor- und nachkonsonantisch, zwischenkonsonantisch

In etwas schematisierender Weise läßt sich sagen, daß /a:/ in mehr als zweisilbigen Wörtern überhaupt und in mindestens zweisilbigen Wörtern auslautend zu halblangem /a·/ gekürzt wird.

Treten Langvokal + Vokal zu einem Diphthongen zusammen, so werden sie zu halblangem Vokal + Kurzvokal gekürzt:

        भाई   /bha·i/

        आइए   /a·ie·/

Beispiele zu /a:/:

आदमी, आरम्भ, आड़ा, आत्मकल्याण, आदम, आसान, आहा, आसमान, आलस, आवाज़, आदाब, आधा, आदिक, आनन्द, आग, आघ, आचार्य, आठ, आपस में, आना, आया, आकाश, आखेट

आइए [a·ie·]

उदार, राज्य, काका, रामदास, काजू, काग़ज़, कान, कार्यालय, कालापन, चट्टान, जमाना, फुलाना, चिल्लाना, तैयारी, दिनार्थ, ब्याह, पचास, पुराना, फिराना, बतलाना, बताना, महाराज, सताना

जाइए, लाइए, बताइए, भाई

पीना, रहना, लड़ना, शिक्षा, शाला, सिहाना, फीरोज़ा, लोहा, हुलिया, माँचा, बेला, पारा, निरातया, घूमना, नरसिंहा, फगंड़ा, ढूँढना, ढीला, चर्चा, किया, गया, खुला, खड़ा, रखा [rakkha], बैठा, खीरा, ओला

चावल, पैंतालीस, खादर, चमार

पानी, पाठक, पाया, अमरीका, फाल्गुन, राजा, नवाब, निज़ाम, गुनाह, रास्ता, गाड़ी, फालतू, किताब, दुकान, दुकानदार, ग्राहक, मालूम

Die Opposition /ʌ/ : /aː/

कल : काल, अकल : अकाल, बल : बाल, बपु : बापू, हर : हार,
पर : पार, पल : पाल, पला : पाला, गन : गान, गनना : गाना,
हल : हाल, अकर : आकार, अदन : अद्दान, मन : मान

/ɪ/

An-, in- und auslautend; allein silbenbildend, vor- und nachkonsonantisch, zwischenkonsonantisch

Auslautend nur in Lehnwörtern aus dem Sanskrit in gebildeter Aussprache. Die Volkssprache kennt auslautend nur /iː/ statt '-i'.

In arabischen und persischen Lehnwörtern wird für /æ/ vor 'h' heute durchweg 'e' geschrieben:

चेहरा   statt चिहरा   /cæʰra/

मेहनत   statt मिहनत   /mæʰnʌt/

In Sanskrit-Wörtern wird - außer in sorgfältig-gelehrter Aussprache - die Lautfolge 'h + Konsonant' zu 'Konsonant + h' umgesetzt. Ein vorausgehendes 'i' bleibt also als /ɪ/ erhalten:

चिह्न   /cɪnʰ/

Statt /æ̃/ vor Konsonant wird volkssprachlich /æʰɪ/ gesprochen und dementsprechend manchmal noch '-ahi-' geschrieben:

पहिले   statt पहले   /pæʰɪleː/ statt /pæ̃ʰleː/

Beispiele zu /ɪ/:

इतना, इस, इन, इन्हें [ɪnʰeː·], इनसान, इंजील, इच्छा, इकट्ठा,
इक्का, इंद्रजाल, इस्यासी, इकबाल, इंजीनियर, इबु, इख़राज, इन्कार,
इधर, इनारा, इठाई, इस्तेमाल, इसलाह, इश्क़, इसलाम, इरादा,
इंतज़ार

दिन,   खिड़की, क़िल्ला, क़िबला, चिट्ठी, बिच्छू, पिताजी, किया,

ज़िन्दगी, किताब, लिखना, बिल्ली, किया, क्रिस्तानी, फिर, रिपु, रिसाला

कृपा, कृष्ण, नृपति, मृत्यु, भृति, ऋषि
रक्षित, करि, बहि, भूमि, अति, प्रतिध्वनि, आकृति, त्रिकोण-मिति, नि-
युक्ति, पयनिधि, पयस्विनि, द्विजाति, सिद्धि
कि [kɪ] / [kæ]

विकिट, हिन्दी, हिरन, बिल, फिरना, फिरिए, हिम्मत, मिलना, पूजित,
फटिक, योगिन, परिस्थिति, परिशीलन, त्रिकाल, दरिया, दीजिए, दिखाई,
नियोग, निमित्त, विगंध, विक्षिप्तता, विकार, सिंह [sɪŋgʱ], सितार,
सिटपिटाना, सिंहासन [sɪŋgʱaːsʌn], चिह्न [cɪnʱ]

/iː/

An-, in- und auslautend; allein silbenbildend, vor- und
nachkonsonantisch, zwischenkonsonantisch

In mehr als zweisilbigen Wörtern und auslautend in mindestens zweisilbigen Wörtern halblang. Als erster (voka-
lischer) Teil eines fallenden Diphthongen halblang, als
zweiter Bestandteil kurz!

ईधे, ईद्ध, ईदर, ईमान, ईसा, ईसाई, ईहा, ईष, ईश्वर, ईर्षा,
ईद, ईथर, ईख, ईशानी, ईतर, ईषत्स्पष्ट, ईप्सित
पीना, गीता, जीवन, चीखना, चीज़, चील, तीन, बीस, तीस, दीपक,
दीवान, दीन, नीला, पीछे, नीचे, पीपल, बीड़ी, फीका, फ़ील, बीबी,
भीड़, मीठा, मील, मीर, मीरा, मीरजा, मीरजाई, रीछ, रीति, लीची,
महीना
मोरनी, मुरगी (मुर्गी), मुर्गाबी, लोमड़ी, हाथी, माँगी, शाही, दुश्म-
नी, शिकारी, योगिनी, पादरी, चाची, आई, धूनी, प्राणी, देशी, भेरी,
भैरवी, रानी
महीसुर, लीचड़, सीता, सीढ़ी, धीरज, धीरे-धीरे, कीमिया, थैली, नदी

Die Opposition /ɪ/ : /iː/

दिन : दीन, मिल : मील, इमानदार : ईमानदार, हिला : हीला,
सिखा : सीखा

/u/

An-, in- und auslautend; allein silbenbildend, vor- und nachkonsonantisch, zwischenkonsonantisch

Auslautend nur in Lehnwörtern aus dem Sanskrit in gebildeter Aussprache. Die Volkssprache kennt auslautend nur /uː/ statt '-u'.

In arabischen und persischen Lehnwörtern wird für /o/ vor 'h' heute durchweg 'o' geschrieben (und auch gewöhnlich /oː/ oder dessen halblanges Allophon gesprochen):

मोह   statt मुह   [moʰr]

Beispiele zu /u/:

उमर (उम्र), उम्मीद, उस, उन, उन्हों [unʰõː], उदास, ऊल, उत्पन्न, उत्तर, उन्नत, उन्नीस, उपदेश, उपकारी, उपेक्षा, उर्दू, उभार, उलटा, उसूल, उल्लासन, उल्था, उड़ना, उतरना

कुम्म, कुसुंब, कुसुम, गुफा, गुमान, गुप्त, चुटकी, चुंबन, जुमला, फुनक, फुकना, मुकर्रर, कुतुब, दुकान, लुहार, रुका, मुबारक, लुटेरा, लुभाना, सुंदर, सुनना, सुनाना, मनुष्य

मुररिपु, कंबु, ऋतु, ऋभु, ऋजु, विधु

घुड़िया, जमुर्रद, त्रुटि, नियुक्त, नियुद्ध, पुरुष, पुरुरुच, फुट्कल, फुंदी, बुरूतर, बुभुक्षित, दुनिया, रुपया [rupɜiɑ], बुखारचा, बुरादा, बुराई, बुलाना, दुखारा, दुकेला, कुम्हार, निरुत्साह, बुदबुदाना, बहुदावपूजन, बहुएँ, बहुओं, बिछुओं

/ū:/,

An-, in- und auslautend; allein silbenbildend, vor- und nachkonsonantisch, zwischenkonsonantisch

In mehr als zweisilbigen Wörtern und auslautend in mindestens zweisilbigen Wörtern halblang. Als zweiter Teil eines fallen Diphthongen kurz

ऊपर, ऊषा, ऊना, ऊरूस्तंभ, ऊबट, ऊढ, ऊधम, ऊड़ा, ऊन, ऊदा

रूप, कूआँ, जूमना, जूता, मालूम, तूती, घूमना, पूछना, टूट, फूल, भूगोल, भूखा, भूमि, मशहूर, मूक, मूर्ति, मूर्ख, रूबरू, जासूस, लूटना, लूतना, शून्य, शूद्ध, रूह, सूजना

तेंदू, मिट्ठू, दूरक, दूषक, पूजा, जून, पूरब, पूर्वी, फूलना, कबूतर, रूमाल

Die Opposition /u/ : /ū:/:

उन : ऊन, उरु : ऊरू, उपरा : ऊपर, उसर : ऊसर, कुल : कूल, गुन (गुण) : गून, गुथना : गूथना, दुर : दूर, पुजा : पूजा, बिच्छु : बिच्छुओं

/ē:/

An-, in- und auslautend; allein silbenbildend, vor- und nachkonsonantisch, zwischenkonsonantisch

In mehr als zweisilbigen Wörtern und auslautend in mindestens zweisilbigen Wörtern halblang.

'e' wird gewöhnlich für /æ/ vor h' in arabischen und persischen Lehnwörtern geschrieben:

    मेहरबानी   /mæʰrbani:/

Die persische Kompositionspartikel 'Izāfat' wird heute zumeist nicht mehr getrennt geschrieben, sondern dem 1. Kompositionsglied angefügt:

    मैदाने-जंग   statt   मैदान-ए-जंग

Beispiele zu /e:/:

एक, एड़

पेट, लेना, केतक, बेप, खेलना, खेत, मेल, रेल, इस के लिए, तेरा, तेल, सेना, तेज़, मेज़, देश, देना, सेब, पेड़

लड़के, दो बौने, लेते हैं, सवेरे, दे, ले, मज़े से, ग़ुस्से से, तोते मियाँ, नीचे, पीछे

पेटी, भेड़िया, भेदिया, मुझे, एक रुपया [rupīa·], चार रुपये [rupīe·], रेलगाड़ी

/æ̃ː/

An-, in- und auslautend; allein silbenbildend, vor- und nachkonsonantisch, zwischenkonsonantisch

Das Zeichen ऐ wird im Alfabet und (in gebildeter Aussprache) in Sanskrit-Wörtern als /ʌi/ gesprochen. Die gleiche diphthongische Aussprache findet sich in Hindī-Wörtern vor 'y'. Hier wird statt '-aiy-' auch '-ayy-' geschrieben. Die gesamte Lautfolge ist /ʌiː/. Am Wortende wird /ʌi/ '-ay' geschrieben:

तैयार, तय्यार   /tʌiːaˑr/

हिमालय   /hɪmaˑlʌi/

Beispiele zu /æ̃ː/:

ऐसा, ऐनक, ऐब, ऐयाशी, ऐयारी

कैसा, जैसा, वैसा, शैख़, तैराना, शैतान, भैल, मैला, हैरान, तैयार [tʌiːaˑr]

फ़ैज़, पैदा, पैदल, पैशुन्य, हैरानी

Die Opposition /e:/ : /æ̃ː/:

मेला : मैला, पेड़ : पैड़ी, पेर : पैर, केसर : कैसा, सेर : सैर, सेल : सैल, हेराना : हैरानी, हे : है

/æ/

In der Umgebung von /h/ in der Lautfolge /æh/ + Nicht-
vokal oder 'a'

रहना, कहना, शहरी, शहर [ʃæʰɛr], महल [mæʰæl]

चेहरा, मेहनत, मेहरबानी

तरह [tʌraˑ] / [tʌræʰ], जगह [ǰʌgaˑ] / [ǰʌgæʰ]

यह [ɪæ], यही [ɪæʰiˑ]

/oː/

An-, in- und auslautend; allein silbenbildend, vor- und
nachkonsonantisch, zwischenkonsonantisch

In mehr als zweisilbigen Wörtern, auslautend in mindestens zweisilbigen Wörtern und in Diphthongen halblang.

Die arabische Kompositionspartikel 'o' wird heute zumeist
mit dem ersten Kompositionsglied zusammengeschrieben:

कारोबार statt कार-ओ-बार   /kaˑroˑbaˑr/

ताजो-तख्त statt तोज-ओ-तख्त   /tajoˑtʌxt/

ओर, ओंडू, ओल्यो, ओसाई, ओहो, ओष्ठ

मुगोल, लोंग, मोहन, कोट, रोना, मोर, खोना, कोना, धोबी,
तोड़ना, पोथी, नियोग, पोस्ट बक्स, मोल-तोल

पूछो, दौड़ो, कहो, दोस्तो, यारो, बोलो

धोना, टोपी, भोजन, लोकसभा, पड़ोसी, मोटर गाड़ी, बच्चो,
मोहनीय, घटाओ

/o/

In der Umgebung von /h/ + Konsonant in arabischen Lehnwörtern, sowie in 'vah', 'vahī' und zuweilen in 'bahut'

मोह (मोहर, मुह)

वह [ʋo], वही [ʋoʰiˑ], बहुत [bʌʰut] / [boʰot]

/ɔ̃:/

An-, in- und auslautend; allein silbenbildend, vor- und nachkonsonantisch, zwischenkonsonantisch

In mehr als zweisilbigen Wörtern und auslautend in mindestens zweisilbigen Wörtern halblang.

औ hat im Alfabet (als Buchstabenname) und in gebildeter Aussprache von Sanskrit-Wörtern die Aussprache /au/:

    औषधालय   /auʃadhaːlʌi/

Die gleiche diphthongische Aussprache tritt in der Lautfolge '-avv-' auf:

    कव्वा, besser: कौआ /kʌuʋaː/

Beispiele zu /ɔ̃:/:

    और, औरत, औसत

    फ़ौरन, हौलनाक, कौन, बौना, बौर, सौजा, मौज, फ़ौज, शौरि

    जौ, लौआ, लौटना, दौड़ना, दौड़ो, पौन, पौधा, पौढ़ना, मौन,

    मौर

Die Opposition /o:/ : /ɔ̃:/:

    ओर : और, मोर : मौर, पोना : पौना, पोर : पौर, बोना :

    बौना, कोना : कौन, तोड़ : तौर, शोहरत : शौहर

Die Nasalvokale

In den folgenden Beispielen werden nach Möglichkeit zuerst Oppositionsreihen "oral - oral vor Nasalkonsonant - nasal" gegeben. Darauf folgen Beispiele mit Nasalvokal.

Nach den strengen Orthographieregeln, die allerdings bisher nur in seltenen Fällen in Handschrift und Druck wirklich beachtet werden, wird Nasalkonsonant vor Konsonant in Hindī-Wörtern durch 'Anusvār' (˙), in Sanskrit-Wörtern durch das entsprechende Konsonantenzeichen und in persischen und arabischen Lehnwörtern nur dann durch Anusvār bezeichnet, wenn es sich um einen Nasalkonsonanten derselben Bildungsstelle ('Klasse') wie der folgende Konsonant handelt:

ठंडा	[ʈʰʌɳɖaː]
अग्र	[ʌgr̩]
जंगल	[ǰʌŋgʌl] (persischen Ursprungs)
इन्कार	[ɪnkaːr]

In englischen Wörtern wird ebenfalls Anusvār geschrieben:

इंजिनीयर	[ɪnǰɪniːər]

<u>Anm.</u>: Aus schreibtechnischen Gründen muß in der **vorliegenden** Einführung in die Phonetik im Falle von Sanskrit-Wörtern teilweise von der angeführten Regel abgewichen werden.

<u>Nasalvokal</u> sollte in allen Fällen durch 'Anunāsik' (auch 'Ardha-Candrabindu' genannt) bezeichnet werden (̐).

Beispiele zu den Nasalvokalen:

[ã]

हसन   हँस   हँस

अँकाई, अँकुड़ी, अँखियाँ, अँफा, अँतड़ी, अंशु
खँजर, चँगेर, छँटना, छँद, धँस, मँगाना

[ãː]

Für die Kürzung von langen Nasalvokalen gilt die gleiche Regelung wie für orale Langvokale

आँक   आँख

आँधी, आँठी, आँजना, आँस
माँगना, बाँछा, बाँटना, साँस, साँप

Der auf 'jñ' folgende Vokal wird nasal gesprochen:

आज्ञा [aːǰɲãː]

-आँव wird /ॅ-ॉ/ gesprochen (S. unter /ŏ/!)

/ĭ/

छिदना — छिन्न — छिंकाना

छिं, छिंउँकी, ठिंगना, पिंड़िया

/ī:/

ईद — हींग — ईंट

ईंचना, खींचना, सींचना, हींसना

/ŭ/

उगलना — उन्मान — उँगली

उँचना, उँछ, उँह
पुंस, मुँह, चिउँट, कुँअर : कुआँ

/ū:/

ऊटना — ऊन — ऊँट

ऊँचा, ऊँड़ा, ऊँदर, ऊँहूँ
खूँटी, चूँकि, भूँजना, मूँछ

/ĕ:/

एँड़, एँचपेंच
केंचुआ, गेंडुआ, तेंतीस, भेंट, में, दें, लें

/ĕ:ँ/

ऐंठ, ऐंड़ना, पैंतीस, हैं, मैं

/õ:/

ओंठ, ओंडा
खोंच, फोंकल, तोंदल, मोंछ, सोंठ
गांव [gɑ·õ], पांव
पहुंचना [poʻõ̆ĕnɑ·]
बन्दरों, लड़कों, परसों, तरसों

/õ:ˑ/

औंधा, औंठ, कौंच, भौंर, तौंस

/k/

An-, in- und auslautend; einfach und gelängt

कमाल, कल्पना, कपूर, कलंक, काम, कारखाना, कितना, किनारा, किताब, किफ़ायत, कील, कीजिए, कीड़ा, कुछ, कुरता, कुत्ता, कुल्हाड़ी, कूक, कूदना, कूच, कूज़ा, केश, केला, केवल, कैलास, कैसा, कोष, कोमल, कोठी, कौन, कौशल्या, कांच, कांपना

क्या, क्यों, क्लेश, क्रम, किया, कृष्ण, कृपा, क्रूर, क्रोध, क्षमा, क्षय, क्षत्रिय, क्षिति, क्षेत्र

नौकर, शिकंजा, ज़ुकाम, मकानष प्रकार, डाकिया, तकिया, ख़ाकी, लकीर, व्याकुल, मुकुट, ठाकुर, सुकूनत, हुकूमत, अकेला, निकेतन, रोकेगा, पकोड़ा, मुकुंद

परीक्षा, शुक्रिया, अक्सीर, एक्लौता, शक्ति, ऐक्य, मोक्ष, भक्त, चक्र
नमकीन, मुस्कान, तस्कीन, हितकारी, सत्कार, मटकी, अचकन, सहकार,
आजकल, इन्कार, लड़की, उपकार, सरकार, तरकीब, मुल्की, हल्का,
लश्कर, मुश्किल

अंक्लेश्वर

लेखक, बेशक, कृषक, पुस्तक, संचालक, फिफक, स्मारक, मुबारक, त-
पाक, अवाक्, अलौकिक, सालिक, मालिक, ठीक, एक, त्रिलोक, भाँक
मुल्क, नर्क, तर्क, अश्क, खुश्क,

शक्कर, लक्कड़, सिक्का, मक्कार, पक्का, उचक्का, मुक्का, धक्का, इक्कादुक्का,
चक्की

/q̇/

क़लम, क़व्वाली, क़द, क़तार, क़र्ज, क़ायदा, क़ाबिल, क़ानून, क़ाज़ी, क़ि-
बला, क़िस्मत, क़िल्ला, क़ीमत, क़ुरान, क़ुव्वत, क़ुदरत, क़ुली, क़ैस,
क़ैदी, क़ोरमा, क़ौम, क़ौल

ताक़त, मुक़ाम, मुलाक़ात, बक़िया, नाक़िस, रक़ीब, फ़क़ीर, हक़ीकत, बा-
क़ी, साक़ी, यक़ीन, चाक़ू, माक़ूल, मौक़ूफ़, बेवक़ूफ़

अक़्ल, नुक़्सान, नक़्शा, फ़िक़रा, सुक़रात, नक़्ली, इक़रार, लुक़्मा, इक़बाल,
तक़्दीर, नक़्द

इश्क़िया, तबक़ा, बुरक़ा, ल्क़ा, दह्क़ान, इन्क़िलाब, बर्क़,
सबक़, ताक़, ऐनक़, संदूक़, बंदूक़, शौक़, फ़ारूक़, तलाक़, हुक़ूक़,
रफ़ीक़

इश्क़, बर्क़, मश्क़

बक़्क़ाल, नक़्क़ाल

/k̂h/

खल, खजूर, खट्टा, खारा, खाट, खाना, खिलना, खिजना, खिचड़ी, खि-
सकना, खिलौना, खीर, खुलना, खुजली, खुटाई, खुरखुरा, खूद, खेप,
खेती, खोज, खोपड़ी, खौलना, खाँच, खींच, खूँच, खेंटना, खेंचना,
खोंच

रुयाति

सुखी, पखावज, अखिल, तीखा, शिखर, प्रखर, ज्वालामुखी, अखाड़ा, अखंड, बिखेरना, लाखों", आँखों"

मुख्य, प्रख्यात, व्याख्यान, बिखराना, बौखलाना, सुखदायी, रखवाली, रखना, चखना, दुखना, सीखना

मूर्खता

संख्या

लाख, परख, राख, सुख, लेख, देख, आँख, चख, नख

मूर्ख

मक्खन, मक्खी, रखा [rakkha·]

दुःख (दुख) [dukkʰ]

/x/

ख़बर, ख़त्म, ख़फ़ा, ख़राब, ख़रगोश, ख़ंदक़, ख़ंजर, ख़ाली, ख़ानदान, ख़ास, ख़ातून, ख़िलाफ़, ख़ुद, ख़ुदा, ख़ुशबू, ख़ुलासा, ख़ुफ़िया, ख़ूबी, ख़ूबसू-रत, ख़ून, ख़ैर, ख़ैरात, ख़ोजा, ख़ौफ़

ख़्याल, ख़्वाब, ख़्वाहिश

सख़ी, बुख़ार, नाख़ून, दाख़िल, शोख़ी, नाख़ुदा, बख़ैर, बख़ूबी

दरख़्त, दुख़्तर, सख़्त, अख़बार, कमबख़्त, मख़मल, बख़्शना, शख़्स, मख़्जन, दख़्ल देना, तुख़्म, ज़ख़्म, यख़्नी, फ़ख़्र

सुर्ख़ी, चरख़ी, नुस्ख़ा, अश्ख़ास, तल्ख़ी, बरख़ुरदार

कमख़्वाब

दोज़ख़, बतख़, तारीख़, शोख़, मन्सूख़

(Keine Länge)

[६]

गवैया, गन्ना, गंभीर, गरमी, गड़बड़, गधा, गणेश, गाना, गाय, गाजर, गिनती, गिध, गिरजा, गिरफ़्तार, गीला, गीत, गुरु, गुण, गुलाब, गुस्ताख़, गूढ़, गूजरी, गूदड़, गेहूँ, गेरू, गेसू, गैल, गोपी, गोविन्द, गोचर, गौतम, गौरी, गाँठ, गूँगा, गूँधना, गेंद, गोंद, गौंह

ग्राम, ग्रीष्म, ग्रंथ, ग्लानि, ग्यारह,

मगर, पागल, सगाई, बिगाड़ना, बगिया, नागिन, भगिनी, नगीना

बगूला, निगोड़ा, आगे, जोगी

लग्न, भग्न, मुग्ध, अग्र, आग्रह, लगभग, अग्नि, भाग्य, अगला, झगड़ा, स्निग्ध, आरोग्य, संग्रह, उगता, जागता

बंगाल, सुलगाना, उद्गार, निर्गुण, सरगम, दुर्गावती, अवगुण, कलगी अंग्रेज़ी, अँगड़ाई

साग, लोग, प्रयोग, अलग, युग, राग, बैराग, देग, ठग, डींग, स्वाँग, छलाँग

मार्ग, स्वर्ग, अंग, मृदंग, अपंग, संग

गाम : काम
नगीना : सकीना
लगान : मकान
गुल : कुल
गोल : कोल
अलग : बालक

[ग़]

ग़म, ग़रीब, ग़रारा, ग़नी, ग़लती, ग़फ़्फ़ार, ग़ालिब, ग़ाज़ी, ग़िलाफ़,
ग़ुलाम, ग़ूल, ग़ुस्सा, ग़ैर, ग़ैरत, ग़ोता, ग़ौर, ग़ौस, ग़ुंचा
साग़र, मुग़ल, काग़ज़, लुग़ात, राग़िब, शोरोग़ुल, बग़ावत, बग़ीचा,
आग़ोश, बग़ैर, वग़ैरा, दग़ाबाज़
नग़मा, मग़रिब, अग़राज़, बग़दाद, मग़ज़, वुग़ज़, जुग़राफ़िया
मुग़ाँ, तरग़ीब, तमग़ा, असग़र, अफ़ग़ान, अलग़ोज़ा
बाग़, दाग़, सुराग़, दिमाग़, बालिग़, चिराग़
मुर्ग़

[घ]

घटा, घनघोर, घबराना, घड़ी, घर, घंटा, घंटी, घास, घात, घाघ,
घायल, घिसना, घिन, घिरा, घी, घुटाई, घुसना, घुला, घूमना, घूर-
ना, घेरना, घोर, घोटना, घोषणा, घोड़ा, घूँघट, घोंसला
घ्राण, घृणा, घृत
सुघड़, बघार, पिघलना, आघात, रघुनाथ, बीघा
विघ्न, कृतघ्न, शीघ्र, पिघलाना, मेघराज
उद्घाटन, बीघयि
बाघ, माघ, मेघ, सिंह [singh], अँह, संघ
बग्घी

[ङ]

अंक, कलंक, लंका, संकट, संकेत
शंख, पंख
अंग, मृदंग, प्रसंग, जंगल, बंगाल, भंगी, शृंगार
संघ, उल्लंघन,

/c/

चमक, चतुर, चश्मा, चाकरी, चाबुक, चाशनी, चित्र, चिता, चिड़िया, चिट्ठी, चिरंजीव, चीख़, चीरना, चुलबुला, चुप, चुग़ली, चुस्त, चूल्हा, चूड़ी, चूर्ण, चुहिया, चेतन, चेष्टा, चैन, चोर, चोला, चौबीस, चौ-पट, चौकीदार, चाँद, चौंसठ, चौंकना

लचक, चचा, चाचा, बिचारा, मचान, आचार्य, सचिवालय, कूँची, नाचीज़, कचहरी, वचन, निचोड़, मैलाकुचैला, ऊँचा
अचकन, अचपल, सचमुच, अचला, बचता, खींचता, सूचना, सोचना, रच-ना, ज़चगी, कोचवान, बचपन, अचरज, अवाच्य, बेचना, लच्का, कचरा पश्चिम, आश्चर्य, चमचा, परचा, बावर्ची, हलचल, कारचोब, इलायची सचमुच, लोच, बीच, नाच, ऊँचनीच, लालच, पाँच, आँच, कूच मिर्च, ख़र्च
कच्चा, बच्चा, उच्चार, खच्चर, सच्चा, बातचीत [ba:t͡ɕi:t]

/ch/

छवि, छटा, छत्तीस, छड़ा, छल्कपट, छाग, छापना, छाछ, छाली, छिप-ना, छिन्नभिन्न, छिलका, छीलना, छींट, छुरी, छुटकारा, छूना, छूत, छेद, छेड़, छैला, छोटा, छोड़ना, छौंकना, छाँव, छाँट, छूँछी
उछलना, पछाड़, कछुआ, बिछड़ना, बछेड़ी, बाछे
बछड़ा, मछली, पूछना, पिछला
मूर्छता, बरछी, तलछट, परछाईं
छाछ, कुछ, पूछ, काछ, रीछ, पूँछ
अच्छा, इच्छा, स्वच्छता, पच्छिम
म्लेच्छ, तुच्छ, स्वच्छ

[j]

जवाहर, जहाज़, जमुना, जलेबी, जय, जवाब, जलसा, जानदार, जासूस, जागृति, जिगर, जिधर, जितना, जीतना, जीवन, जुआ, जुगनू, जुटना, जूता, जूझना, जेब, जैन, जैसा, जोश, जोशी, जोड़ना, जौहरी, जाँचना, जूँ

साजन, अजल, गजर, भोजन, विजय, पारिजात, पुजारी, मजाल, उजाला, अजिज़, नजात, अजीत, सजीला, काजू, मौजूद, खजूर, राजेश्वर, ध्वजा, अजोड़, अजोत, प्रजा, भाजी, रुवाजा, जुस्तजू

मुजरा, गजरा, बिजली, अजनबी, बजता, मुजरिम, मजबूर, राज्य, पूज्य, वज्र, सजधज, राजधानी, इजलास, आजकल, नज़्मा, भिजवाना

मसजिद, अमजद, बनजारा, अनजान, अर्जुन, निर्जन

सेज, लाज, अनाज, खोज, कनौज, मिज़ाज, इलाज, सरताज, मौज, पूज, तेज

कुंज, रंज

सज्जन, लज्जा, लज्जित, हज्जाम, छज्जा

Die Ligatur ज्ञ wird umgangssprachlich [gy], in gebildeter Aussprache Sanskrit-Kundiger aber [jñ] + Nasalierung des folgenden Vokals gesprochen! Hierzu einige Beispiele:

ज्ञान, ज्ञात, ज्ञाति, ज्ञापक

विज्ञान, आज्ञा, अज्ञान

संज्ञा

[z]

ज़बान, ज़मीन, ज़नाना, ज़हर, ज़ालिम, ज़ानू, ज़िला, ज़िद, ज़ीरा, ज़ुल्फ़, ज़ुकाम, ज़ेब, ज़ेवर, ज़ेहरा [zɛhra], ज़ैतून, ज़ोर, ज़ौक़

- 74 -

नज़र, ग़ज़ल, अज़ल, हिफ़ाज़त, ह्ज़ार, बाज़ार, अज़ान, नज़ाकत, ख़ज़ाना, साज़िरा, रज़िया, ताज़िया, हाज़िर, भाज़िम, लज़ीज़, अज़ीज़, जज़ीरा, क़ाज़ी, बुज़ुर्ग, नाज़ुक, हुज़ूर, बाज़ू, तराज़ू, मज़ेदार, पाज़ेब, दरवाज़े, राज़ी, आवाज़ें, कनीज़ें, साज़ों, नमाज़ों, नाज़ो-नियाज़, सोज़ो-साज़ उज़्र, नज़ला, इज़्हार, ग़ज़नी, नाज़नी, मज़हब, तज़करा, जज़्बात, मज़बूत, आज़माइश, रोज़मर्रा

इल्ज़ाम, अफ़ज़ल, क़ब्ज़ा, मरज़न, ज़लज़ला, पुर्ज़ा, मंज़िल, वर्ज़िश, मर्ज़ी, दर्ज़ी, सब्ज़ी, मंज़ूर, आरज़ू, तर्ज़े-अदा, औरंगज़ेब

गज़, साज़, आवाज़, अल्फ़ाज़, आजिज़, क़ाबिज़, कनीज़, चीज़, जुज़, रोज़, तेज़, नमाज़, फ़ेज़, महज़, हौज़, तरबूज़, तजवीज़, तलफ़्फ़ुज़ सब्ज़, कब्ज़, फ़र्ज़, कर्ज़, गर्ज़, हिफ़्ज़, लफ़्ज़, मग़्ज़, बुर्ज़ रज़्ज़ाक़, कज़्ज़ाक़, इज़्ज़त, लज़्ज़त, नज़्ज़ारा, तनज़्ज़ुल

/ɲ/

फरना, फड़प, फपाटा, फमेला, फरोखा, फटकना, फगड़ा, फालर, फाड़, फाड़ू, फाँफ, फाँकना, फाँभी, फिड़कना, फिफक, फिलमिल, फिल्ली, फील, फींखना, फुकना, फुरमुट, फुमका, फुर्री, फुलाना, फुटपुट, फुटलाना, फुँफलाना, फुंड, फूला, फूठ, फूमना, फेलना, फोंक, फोल, फोंकना, फोंपड़ी, फोंट

बुफाना, मुफे, तुफे

मुफ को, समफना, उलफना, रीफना

समफा, उलफा, सुलफाना, मँफधार

समफ, बूफ, उलफ

Der Nasalkonsonant /ɲ/ kommt nur vor palatalen Konsonanten vor und ist damit Allophon zu /n/. Seine Bildung bereitet keinerlei Schwierigkeiten.

[ट]

टपका, टभाटर, टट्का, टट्वोलना, टक्कर, टक्साली, टट्टू, टाट, टल-ना, टाँग, टँगना, टिड्डा, टिकिया, टिकिट, टीप, टीसना, टुकड़ा, टूटना, टूँगना, टेरा, टेढ़ा, टेसू, टेकरा, टेंटुआ, टेंटें, टोपी, टोटा, टोकना, टोकरा

मटर, अटल, चटाई, आटा, जटा, बेटा, कटरी, हटना, झटकना, क-टाया, पटियाला, कुटिया, थटिया, घाटी, सीटी, कटीला, नटी, कुटुम्ब, बटेर, पटेल, पटेरा, कटोरा, टट्वोलना, खूँटी

काटना, काटता, लौटना, खटमल, मटकी, पीटना, झुटलाना, लूटना, कटवाना, लटकाना, रटना, निपटना, फटफटाना, नाट्य

ऊट्य, फट्य, नकट्य, घंट, निपटना

राष्ट्र

बाट, रट, हट, वाट, लौट, अटूट, कपट, प्रकट, ईंट, ऊँट, खाट, आहट, झूट, खोट, घूँट, मिलावट, पेट, फूट, सपाट, घबराहट, तलछट

नष्ट, कष्ट, भ्रष्ट, इष्ट

सट्ट, खट्ट, दुपट्ट, टट्टू

[ठ]

ठग, ठप्पा, ठट्ट, ठठेरा, ठर्रा, ठस, ठंडा, ठहरना, ठाठ, ठाकुर, ठिकाना, ठिठक, ठिंगना, ठीक, ठीकरी, ठुड्डी, ठुमक, ठुमरी, ठुकराना, ठूँठ, ठेका, ठेलना, ठेंगा, ठोकर, ठोस, ठौर, ठौंकना

जठर, अठारह, पठान, हठात्, मिठाई, पराठा, कठिन, गठिया, पठिया, लाठी, ठठेरा, छठा, छठी, कोठी, गठीला, हठीला, म-राठी

उठना, बैठना, बैठता, रूठना, पाठशाला, आठवाँ, गठवाई, कठ-पुतली

साठ, उठ, बैठ, जेठ, गाँठ, ठूँठ, पीठ

पट्ठा, अट्ठावन, मुट्ठी, मिट्ठू, लट्ठा, ठट्ठा, इकट्ठा

[ड]

डक, डट, डग, डट्टा, डपट, डमरू, डर, डाक, डाकू, डालना, डाक्टर (डॉक्टर), डिगर, डिगना, डिपो, डिब्बा

डुपट्टा, डुबाना, डूबना, डेनमार्क, डेरा, डोकरा, डोल, डोरी, डौल

ड्योढ़ा, ड्राइवर, ड्रामा, ड्रिल, ड्रेस

डोडो, रेडियो, निडर, लिडार, कूँडी

पाण्ड, पण्डित, ठंडा, टंडल, मांडनी, पिंडरा, मण्डल, गुंडा, मुण्डा

रोड, खड्गसिंह

मंड, खंड, पिंड, मुंड

लड्डू, खड्डा, गड्डाम, गड्डी

[ड़]

सड़क, नाड़ी, निड़िल, पुड़ी, गुड़िया, कोड़ी, थोड़ा, दौड़ान, कौड़ी

कुड़कुड़ी, कोड़ना, कोड़ता, खिड़की, मीड़ना, दौड़ना, दौड़धूप

गुड़गुड़, ढाड़, नाड़, राड़, ब्लिड़, मीड़, कोड़, दौड़

[ढ]

ढंग, ढपना, ढाई, ढाड़, ढिठाई, ब्लिड़, ढुरना, ढूँढ, ढेरी, ढोंठी, ढोल

निढाल, कुढंगा

ढूँढना, ढूँढता

ढिलमिल

ढोंढ

डड्ढार, ढड्ढा, गड्ढा

खड्ढ, गड्ढ, गड्डबड्ढ, गड्डमड्ढ

/ढ़/

गढ़न, गढ़ी, गढ़िया, अढ़ाई, चढ़ाई, ढाढ़स, राढ़ि, लोढ़ा, कोढ़ी, लढ़िया

ढूँढ़ना, लोढ़ना, कोढ़ना, गढ़ना, गढ़वाल

राढ़, कोढ़, गढ़

/ṇ/

Nur in gebildeter Aussprache Sanskrit-Kundiger; sonst /n/

गणेश, पाणि, राणा, शिरोमणि

गणपति, गणना, गण्य, पाण्य, पुण्य, गणतंत्र

विष्णु

प्राण, गण, शण, ब्राह्मण, धारण, रामायण, स्मरण, गुण, विशेषण

कृष्ण

/ŋ/

Nur vor retroflexem Konsonanten; Beispiele siehe dort

/t/

तबियत, तमाशा, तपस्या, तलवार, तरसाना, तरकारी, तट, तरफ़,
तकिया, तस्वीर, तज, तरुता, तवा, तंत्री, तंबूरा, ताला,
तानसेन, ताड़ना, ताम्र, ताँबा, तांडव, तिजारत, तितली, तिथि, तिवारी,
तीन, तीर्थ, तीसरा, तीव्र, तुम, तुकाराम, तुलसीदास, तुरुम, तुच्छ,
तुलना, तुष्टि, तूल, तूर्ण, तेल, तेजस्वी, तेरा, तेवर, तैसा,
तोप, तोता, तोलना, तोड़ना, तोशक, तोतला, तौर, तौबा, तौला

त्रास, त्राण, तिया, त्रिशूल, त्रिकाल, त्रिभुवन, त्रिवेदी, त्रिधा, तृप्ति, तृष्णा, त्याग, त्याज्य, त्वचा

बोतल, भीतर, जतन, जूता, जताना, माता, पिता, आता, जाता, कु-तार, खुता, ग्रोता, स्मृति, उन्नति, क़ातिल, अतिथि, जाति, कुतिया, बतिया, ख़वातीन, सती, सूती, अलील, चतुर, कुतूहल, धातु, ज़ैतून, अतेज, चितेरा, जितेन्द्र

पत्र, मतलब, आत्मा, कितना, पुतली, उत्पन्न, सत्य, मृत्यु, उत्सव, कोतवाल, ख़त्म, कुतरा, ख़तरा, लुत्फ़, हितकारी, जितना, प्रत्यब, अत्यंत, साहित्यिक

मस्ती, बरतन, मुश्ताक़, भक्ति, बढ़ता, अबतक, सप्ताह, हफ़्ता, कट्टा, अवतार, खींचता, अख़्तर, सख़्ती, पिस्तौल, ममता, आरती, हड़ताल, बहतर [bɛɦ+ʌr], नर्तकी

स्त्री, वस्त्र, विस्तृत, मंत्री, निमंत्रण

ख़त, ग़लत, ज्ञात, बरात, बुत, ताबूत, बातचीत [baːcciːt], सपूत, मेघदूत, अछूत, राजपूत, क़ीमत, लज्जत, रात, भूत, खेत, औरत, ख़ूबसूरत, शराफ़त, हिमाकृत, तोहमत [tōɦmʌt]

मस्त, तन्दुरुस्त, दोस्त, भक्त, संयुक्त, रक्त, काश्त, बश्ति, गोश्त, सख़्त, कमबख़्त, दरख़्त, तृप्त, गुप्त, प्राप्त, समाप्त, रब्त, ख़ूत, कोफ़्त, सिम्त, शर्त, वक्त, अंत, दंत

पत्ता, बत्ती, कुत्ता, संपत्ति, इत्तिफ़ाक़, चौहत्तर, प्रवृत्ति आवृर्त

Weitere Beispiele zu 'tr'

त्रपा, त्रस्त, त्रास, त्रिशूल, त्रिगुण, त्रिलोक, त्रिमूर्ति, त्रेसठ, त्रुटि मात्रा, मित्रता, पुत्रवधू, विचित्रता, पत्रिका, छत्रपति, शत्रु, क्षत्रिय

स्त्री, शास्त्रीय, गायत्री

पत्र, मित्र, पुत्र, नक्षत्र, सूत्र, छत्र, चित्र, गोत्र, नेत्र
वस्त्र

/th/

थकावट, थप्पड़, थरथराना, निथारना, थापना, थाह, थूकना, था, थे, थी, थीं, थैला, थोड़ा, थोक, थोथा

अथाह, पृथक्, कथा, माथा, व्यथा, तथा, प्रथा, तथास्तु, मिथिला, ह-
थियार, पोथी, हाथी, साथी, मथुरा, उथलपुथल

मिथ्या, तथ्य, अथवा, साफ़ सुथरा, साथ-साथ, हाथ में, कथना, पथ-
राना, पथरीला, पथ्या, गुथना, नथनी

मंथन, ग्रंथन, अर्थात्, चतुर्थी, पार्थक्य, सार्थक, स्थान, राजस्थान, स्थल,
व्यवस्था, स्थिति, उपस्थित, गृहस्थी

हाथ, नाथ, साथ, रथ, गूथ, अनाथ

गृहस्थ, तीर्थ, अर्थ, समर्थ, पदार्थ

कत्था, पत्थर

/d/

दस, दरबार, दया, दर्द, दक्षिण, दंपति, दंग, दंभ, दग़ाबाज़, दाग़,
दादा, दामोदर, दाल, दाख़िल, दाँत, दिशा, दिवाली, दिखावट, दिमाग़,
दिलाना, दीदार, दीनानाथ, दीप्त, दीर्घ, दीवाना, दुआ, दुपट्टा, दु-
लार, दुःख [dukkʰ], दुनिया, दूध, दूर, दूसरा, दूब, दून, देख-
ना, देर, देश, देह, दोस्त, दोष, दोहा, दोनों, दोहराना, दो-
ज़ख़, दोला, दौड़ना, दौरा, दौहित्री, दौलत

दृढ़, दृढ़ता, दृष्टि, दृश्य, द्राविड़, द्राक्षा, द्रोही, द्वार

बदन, चादर, सदर, आदत, क़दम, ख़ुदा, ख़ुदाबाद, बादाम, अदालत,
ख़रीदार, जुदाई, सादा, सौदा, दादा, दाबी, नादान, नादिर, मदिरा,

ख़ादिम, यदि, क़ादिर, प्रदीप, मदीना, हदीस, बहादुर, मृदुला, जादू-गर, अदेय, सदेह

बदला, अदना, सदमा, आदमी, कुदरत, मद्रास, ख़रीदना, खोदना, बाद-शाह, अद्भुत, उद्गार, सदक़ा, विद्वान

पर्दा, सर्दी, जल्दी, सुंदर, संदल, ज़ोबदार, शानदार, उमदा, ज़र्दी, हक़दार, तक़दीर, नमकदान, दुकानदार, आइन्दा, सुखदायक, सजदा

तशदीद, ओहदा, वर्दी, बग़दाद, सफ़्दर, इम्दाद, शताब्दी

केन्द्र, मन्द्र, चन्द्र, भन्द्र

सूद, मुराद, अदद, मदद, ख़ुद, वेद, औलाद, फ़ौलाद, उम्मीद, ईद, आबाद, ज़िद, छेद, ख़रीद, स्वाद, मौजूद, क़द, वुजूद, क़ैद, सफ़ेद, मस्जिद, रसीद, अह्द, विनोद, कुमुद, क्रियापद, भेद, परिषद, माँद, जल्द, पसन्द, ज़र्द, मर्द, नक़्द, क़स्द, बन्द (बंद), शब्द

माद्दा, भद्दा, ज़िद्दी, रद्दी, गद्दी, गद्दार, तमद्दुन, मुअद्दब, मुक़द्दर

/ध/

धन, धन्य, धत, धतूरा, धब्बा, धज्जी, धर्म, धड, धड़ाका, धक्का, धौंधा, धातु, धाड़, धार्मिक, धीरज, धीमा, धुआँ, धुआँधार, धुँधला, धुँधुवाना, धुलना, धूप, धूलिया, धूसर, धूनी, धैर्य, धैवत, धोबी, धो-खा, धौरा, धौंकनी

धृत, धृष्ट, ध्रुव, ध्यान, ध्वनि, ध्येय, ध्वजा, ध्वंस

अधर, किधर, साधन, अधर्मी, सुधा, सीधा, पधारना, आधा, क्षुधा, राधा, आँधी, विधाता, प्रधान, बधाई, लुधियाना, अधिक, निधि, अधिकारी, राधिका, आधीन, अधीर, आधुनिक, मधुकर, साधु, विधु, विधुर, वधू, वधूवी, अधूरा, सीधे

मध्य, अध्यापक, साधना, माधवी, चौधरी, विधवा, विध्वंस

मुग्धा, सजधन, राजधानी

सीध, बोध, अपराध, गिध, अवध, औषध, क्रोध, सुधबुध,
अर्ध, सुगन्ध

शुद्ध, प्रसिद्ध, बुद्ध, श्राद्ध

/n̄/

नमक, नदी, नमाज़, नशा, नफ़रत, नक़्द, नज़र, नरगिस, नग़मा, नहा-
ना, नंगा, न, नाक, नास्तिक, नाहक़, निवृत्तिष नियम, निशान, निद्रा,
निंदा, निष्फल, निछावर, नीर, नीचे, नीति, नुक़्सान, नुक़्ता, नूपुर,
नूतन, नेढ़, नेज़ा, नेक, नेता, नेफ़ा, नैन, नैया [nʌɪ̈·ɑ·], नोक,
नौ, नौबत, नौकर

नृप, न्याय

मानस, कनक, हुनर, ऐनक, अनाज, सनातन, ज़नाना, ख़ज़ाना, दुनिया,
अनेक, बनेगा, गाने, अनुवाद, अनूढ़ा, क़ानून, मनोहर, विनोद
अनजान, मनशा, अन्दाज़, कन्या, उपन्यास, सामान्य, जन्म, अनमोल,
मंथन, जानवर, इन्साफ़

रौशनी, आशना, स्नेह, स्नान, स्निग्ध, रजनी, चिकना, भरना, अपना,
गुलनार, हँसना, जितना, गहना [gʌʱnɑ·], अग्नि, मस्नूई, घटना, टह-
नी [ʈʌʱniː], बढ़ना, ओढ़नी, जोड़ना, उठना

ईमान, शिकन, मक्खन, रौशन, दुल्हन, हुसैन, बैन, ख़ून, सुख़न, सा-
बुन, सुन, ज़ैतून, स्थान, बीन, जुनून, ख़ानदान, चीन, भजन, कथन,
सुहागिन, कठिन, उड़ान

हुस्न, प्रश्न, विघ्न, लग्न, भग्न, नग्न, अन्न, स्वप्न, पयत्न
जन्नत, उन्नति, मुन्ना, पन्ना, सन्नाटा, मुअन्नस, सुन्नी, सुनना, उन्नीस
अन्न, पसन्न, भिन्न

/nh̃/ als ein Phonem muß von der Phonemgruppe 'n + h' unterschieden werden:

इन्हें [ɪnɦĩˑ], इन्हों [ɪnɦɔ̃ˑ]

उन्हें [ʊnɦĩˑ], उन्हों [ʊnɦɔ̃ˑ]

aber:

नन्हा [nʌn(n)haˑ]

/p/

पठान, पवित्र, पलटन, पहाड़, पश्चिम, पराक्रम, पनाह, पछताना, प-च्चीस, पक्का, पढ़ाई, पखावज, पतवार, पतलून, पंजाब, पन्द्रह, पंथ, पचायत, पानी, पाकिस्तान, पाताल, पारिजात, पाठशाला, पाज़ेब, पिया, पिस्ता, पिंजरा, पीला, पीर, पीड़ा, पीठ, पीसना, पीढ़ी, पीछे, पीपल, पीक, पीतल, पुस्तक, पुराना, पुरुता, पुखराज, पुरुष, पुण्य, पुकार, पुत्र, पुलाब, पुड़िया, पूरब, पूर्ण, **पूरी**, पूछना, पूजा, पूज्य, पेड़, पेचीदा, पेशानी, पेशवाज़, पेट, पेड़, पैदल, पैसा, पैगम्बर, पैंतीस, पैंसठ

पोशाक, पोथी, पोत, पोटली, पोसना, पौधा, पौरोहित्य, पौष्टिक, पौंढना

प्रयत्न, प्रभु, प्रताप, प्रवेश, प्रजा, प्रकाश, प्रारम्भ, प्रार्थना, पाणी, प्रिय, प्रीति, पृष्ठ, प्रेम, प्रेत, प्यार, प्याला, प्लव, प्लुत

उपज, कपट, चपत, ऊपर, रुपया [rʊpɪaˑ], अपंग, वापस, चौपट, झपट, सिपाही, कपास, छापाखाना, कृपा, अपार, जापान, रूपांतर, क-पिला, लिपि, कदापि, टोपी, गोपी, नूपुर, निपुण, कपूर, बापू, सँपेरा, अपेक्षा, तपोबन, कपोल

अपना, सप्ताह, गुप्त, लुप्त, तृप्ति, अपराध, निपटाना, कपड़ा, खोप-ड़ी, झोंपना, झोंपड़ी, सौंपना, अभिप्राय, उपकार, उपदेश, अपमान,

अप्सरा, छिपकली, गुपचुप
कल्पना, दिलचस्पी, राजपाल, उत्पात, अस्पताल, अर्पण, सर्प, बचपन
सांप्रदायिक
धूप, द्वीप, चुप, छिप, बाप, शाप, प्रदीप, हड़प, टप, नाप, सीप,
आरोप, अनूप, भड़प, आलाप, लेप
अल्प, शिल्प, दिलचस्प
चप्पू, टप्पा, टिप्पस, कुप्पी, छप्पन, चप्पल, खप्पर, गप्पी

/ph/

फल, फटना, फटफटाना, फबती, फफोला, फड़फड़ाहट, फंदा, फा-
गुन, फाटक, फाइना, फाँद, फाँसी, फिर, फिसलना, फीका, फु-
हार, फुदकना, फूट, फूलना, फूफा, फूहड़, फूँक, फेर, फेन,
फेंटना, फेंट, फेंकना, फैलना, फैलाव, फोकट, फोड़ा
सफल, अफरना, अफीम, प्रफुल्ल, गुफा, सीताफल, उफान
जामफल, मूँगफली

/f/

फ़ना, फ़क़ीर, फ़नकार, फ़स्ल, फ़तवा, फ़र्ज़, फ़व्वारा, फ़ल्सफ़ा, फ़-
रियाद, फ़य्याज़, फ़ानूस, फ़ारिग़, फ़ारसी, फ़ातेहा, फ़ाक़ा, फ़ाश,
फ़ायदा, फ़ाहता, फ़िक़्, फ़िराक़, फ़ित्रत, फ़िदा, फ़ी, फ़ीरोज़ा,
फ़ीता, फ़ील, फ़ेहरिस्त [fehrist], फ़ैज़, फ़ैसला, फ़ौज, फ़ौरन,
फ़ौलाद
फ़्रांसीसी, फ़्रेम
सफ़र, क़फ़स, आफ़त, नीलोफ़र, कफ़न, ज़फ़र, दफ़ा, तूफ़ान, लि-
फ़ाफ़ा, जफ़ा, सफ़ाई, सिफ़ारिश, इज़ाफ़ा, मुसाफ़िर, काफ़िर, क़ा-
फ़िला, हाफ़िज़, रफ़िया, मुवाफ़िक़, ग़ाफ़िल, नफ़ीस, मुफ़ीद, काफ़ी,

अशरफ़ी, सूफ़ी, ग़फ़ूर, काफ़ूर, सफ़ेद

मुफ़्त, क़ुफ़्ल, नफ़रत, अफ़लातून, ज़ाफ़रान, दफ़्न, मुफ़लिस, द-फ़्तर, अफ़साना, आफ़ताब, अफ़ज़ल, लफ़्ज़, अफ़वाह, तफ़सील, कुफ़्र, अफ़ग़ान

वफ़ा, मद्फ़न, महफ़ूज़, अल्फ़ाज़, उल्फ़त, बर्फ़ी, अशफ़ाक़, तसफ़िया साफ़, माफ़, अलिफ़, अतराफ़, ख़िलाफ़, तकलीफ़, तशरीफ़, सर्फ़, उफ़, ख़ौफ़, हुरूफ़, मौक़ूफ़, बेवक़ूफ़
बर्फ़, सिर्फ़, ज़ुल्फ़, लुत्फ़, हर्फ़,
ग़फ़्फ़ार, मुक़फ़्फ़ल, मुज़फ़्फ़र, लफ़्फ़ाज़ी, तलफ़्फ़ुज़

/b/

बताना, बढ़ना, बड़ा, बला, बत्तीस, बजाना, बहलाना [baʳlaːnaː], ब-हार, बछड़ा, बहिन, बच्चा, बग़ावत, बरसात, बटुआ, बंगाल, बंदूक़, बादशाह, बार-बार, बापू, बाज़ी, बाग़, बाबा, बासी, बाँग, बाँसुरी, बाँटना, बाँका, बिहार, बिल्कुल, बिछौना, बिसमिल्लाह, बिगाड़ना, बीस, बीरबल, बीधा, बीमा, बुलाना, बुलबुल, बुख़ार, बुज़दिल, बुझाना, बुर्क़ा, बुद्धा, बुढ़िया, बुद्ध, बूझना, बूट, बूढ़ा, बू, बेकल, बे-चना, बेटा, बेड़ा, बेदर्द, बेर, बेसन, बेकार, बेइज़्ज़ती, बैर, बै-ठक, बैन, बोसा, बोझ, बोलना, बौना, बौद्ध
ब्रह्म, ब्रह्मपुत्र [brʌmᵃputr], ब्याह, ब्याज
ख़बर, कबड्डी, बबर, नौबत, मुसीबत, मुबारक, शाबाश, चबाना, लोबान, आबादी, ज़ुबान, मुक़ाबिला, नबी, कबीर, धोबी, गुलाबी, श-राबी, काबुल, चाबुक, बाबुल, साबुन, बाबू, ख़ुशबू, कबूतर
तबला, इब्राहीम, सब्र, कुब्र, ज़ब्त, अब तक, चोबदार, सब्ज़ी, इब्तदा
मुब्तला, फबती, घबराना, जबड़ा, कब्ज़ा, उबटन, दबदबा, शबनम, लब्ध

अख़बार, आपबीती, जगबीती, तस्बीह, करबला, मेहरबान [mɛʰrbaːn], गुलबदन, अलबेता, इक़बाल, अंबर, असबाब, महबूब [mɛʰbuːb], श-रबत

ह्बीब, जनाब, क़रीब, ख़राब, ढब, जेब, सबब, ख़ूब, ताज्जुब, आफ़-ताब, शराब, ऐब, दूब, डूब, ग़ायब, ग़रीब, शब, अदब
मोहब्बत (मुहब्बत), मुरब्बा, डिब्बा, अब्बास, अब्बा, छब्बीस

[bh]

भलाई, भरपूर, भटकना, भट्टी, भजन, भय, भक्ति, भवन, भण्डार, भंग, भँवर, भाला, भारी, भाषा, भाई, भाव [bʱaːo], भाड़, भाग-दौड़, भादों, भाग्य, भाँति, भाँग, भित्ति, भिक्षुक, भिखारी, भिगाना, भिन्न, भीख, भीड़, भीतर, भीषण, भील, भीगना, भींचना, भुट्टा, भुजा, भुरभुरा, भुस, भुगतना, भुलावा, भुनना, भू, भूत, भूख, भूमि, भूँकना, भूँजा, भेटना, भेड़, भेड़िया, भेंट, भैरव, भैया [bʱɛɪ̃ːaː], भैंस, भैंसा, भोर, भोजन, भोलापन, भोगी, भोंडा, भौंरा

भ्रम, भ्रष्ट, भ्राता, भ्रान्त

उभरना, अभय, लाभार्थ, सौभाग्य, रंभा, निभाना, कभी, अभिलाषा, शोभा, सभा, आभार, प्रभात, विभूति, अभिनंदन, अभिनय, अभिषेक, अभिसार, अभेद, अभीत, त्रिभुवन, गंभीर, अभोगी

शुभनाम, निभना, उभरा, चुभना, बभ्रु, सुलभ्य, अभ्यास, सभ्यता
अद्भुत

नभ, लाभ, शुभ, दुर्लभ, जीभ

गर्भ, विदर्भ

/m̄/

मक्का, महाराज, महिमा, मर्द, मक्ख, मंत्र, माली, माजरा, माहाना, माँग, मिठाईष्र मिश्र, मीना, मीठा, मुराद, मुश्किल, मुक़द्दर, मुग्ध, मूर्ख, मूढ़, मूल्य, मेज़, मेँह, मैया, मैल, मैना, मैदान, मैथिली, मैं, मोर, मोच, मोम, मौसम, मौला, मौत, मौक़ा

मृग, मृदंग, मृत्यु, मृत्तिका, मृदुल, मृषा, म्लानि, म्लेच्छ

सुमन, फूमर, अह्मक् [æ̃ʰmʌq], भ्रमर, श्यामा, क्षमा, स्वामी, ज़मीन, आसामी, समुद्र, ख़ामोश

नमकीन, हमसाया, उम्दा, अमृत, नम्र, कमरा, चमचा, अम्लान, इमला, मुमकिन, बम्बई, अंबर

हुक्म, फ़रमान, लक्ष्मण, आत्मा, खटमल, आदमी, मेहमान [maʰmaːn], आज़माना, नजमा, मलमल, मखमल, उन्माद, यासमीन, अजमेर, नग्मा, लुक़मा

स्मृति

क़लम, करम, नीलाम, रहीम, क़ौम, पश्चिम, आराम, प्रणाम, व्यायाम, ग्राम, तमाम, रक़म

जन्म, भस्म, इस्म, नज़्म, इल्म, रस्म, ज़ुख़्म, तुख़्म, मर्म, धर्म, जुर्म, शर्म, सूक्ष्म

अम्मा, उम्मीद, निकम्मा, सम्मेलन, हम्माम, मुकम्मिल

/m̄ʰ/ als ein Phonem; daneben aber auch die Phonemgruppe 'm + h'!

तुम्हारा [tumʰaːraː]

/ य /

'y' ist in der Hindī nur (konsonantisches) Allophon zu den i-Lauten. Es hat den phonetischen Wert des engl. 'y' in 'year', kommt aber auch lang vor. Man spreche beileibe kein deutsches 'j'!

यह [ि॒ञ], यथार्थ, यमन, यतीम, यहाँ, यहूदी, यकीन, यद्मा, यंत्र, यात्रा, यार, याद, याचना, यारी, यामिनी, युवती, युवराज, युद्ध, युगल, युधिष्ठिर, युक्ति, यूनान, यूसुफ, योग, योजना, योग्य, यौगिक, यौवन

आयु, मायूस, कायर, कायस्थ, माया, शायद, गया, घायल, ह्या, बयान, भयानक, अयोध्या, किराया, छियासी, हुमायूँ, आयुर्वेदिक, दया, खोया, किया, लिया, लिये - लिए, भैया, तैयार

धैर्य, जयजयकार, रायता, रायगाँ

ध्यान, अध्यापक, ग्यारह, ब्याह, क्या, व्यायाम, व्याख्यान, न्याय, कन्या, अत्याचार, राज्यपाल, अत्यंत, मिथ्या, दुर्योधन, कश्यप

समय, हृदय, सूर्योदय, लय, प्रलय, अभय, जय, हिमालय, चय, महाशय, दयामय, उपाय, हाय, विनय

सत्य, दिव्य, शक्य, साम्य, मुख्य, कर्तव्य, काव्य, वात्सल्य, रहस्य, भव्य, मध्य, पूज्य, राज्य, कार्य, सूर्य, आर्य, तात्पर्य, धैर्य, योग्य, अनिवार्य, चाणक्य

अय्याम, तख्य्युल, तगय्युर

/ र /

रजा, रचना, रक्त, रकाबी, रफ्तार, रहम [रॅह्म], रस्सी, रकम, रट, रथ, रंभा, रँगीला, रंज, राजा, राधा, रामायण, राबस, राह, रागिनी, राख, राज़ी, रिवाज, रिश्ता, रिस, रियाज़, रीत, रीस, रीढ़, रीछ, रेंगना, रुकावट, रुलाना, रुख, रुद्र, रुधिर, रूप, रूठना,

रूबरू, रूह, रूढ़, रूखा, रेती, रेणुका, रेशम, रेल, रेखा, रैन, रैख, रोकना, रोग़न, रोम, रोहित, रोष, रोग, रोला, रोटी, रोज़ाना, रोड़ी, रौनक़, रौंदना, ऋषि, ऋतु
भारत, सरल, मुबारक, बरात, बराबर, शराब, धारा, अंगारा, बैरागी, लुटेरा, नारियल, सरिता, सिफ़ारिश, सुरीला, परीक्षा, करीम, शहरी [शरीर], ग़रीब, करुणा, बारूद, ज़रूर, शुरूआत, हारून, नेहरू [nehru], नरेश, करोड़, तिरंगा, मनोरंजक, आरम्भ
परदेस, अरमान, सरकार, फरना, चरखा, दर्शन, पर्दा, ख़र्च, कर्म, अर्जुन, अनिवार्य, आर्य, संपूर्ण, भर्ता, गर्भ, मर्ज़ी, बुर्क़ा, निर्गुण, कर्त्तव्य
आगरा, अमृत, कृष्ण, भ्रष्ट, स्मृति, अपराध, मुजरा, मग़रिब, आख़िरी, अखरोट, बकरी, इक़रार, शुक्रिया, अचरज, शत्रु, बद्रीनाथ
तीतर, आभार, धमार, कठोर, भण्डार, बटेर, बहादुर, नज़र, दरबार, शहर, नूर, बग़ैर, हक़ीर, आख़िर, सफ़र, घर, मच्छर, ग़ौर, मंजर, गुरूर
पत्र, मित्र, त्वर, सब्र, क़ब्र, शुक्र, तीव्र, अग्र, शीघ्र, वज्र, उग्र, इत्र, भद्र, समुद्र, शुभ्र, नम्र, कुफ़्र
तुर्रा, ख़र्राटा, फरशिख़ाना, दुर्रानी, गुर्राना

/7/

लता, लज्जा, लड़ाई, लग्न, लकड़ी, लड़की, लश्कर, लय, लंबा, लँगड़ा, लाला, लाभ, लाड़ली, लाचार, लायक़, लाख, लिखना, लिफ़ाफ़ा, लिपि, लिपटाना, लीला, लीची, लीजिए, लीपा, लुप्त, लुटेरा, लुत्फ़, लुभाना, लुक़्मा, लूटना, लेख, लेनदेन, लेना, लैला, लैस, लोभ, लोहा, लोचन, लोमड़ी, लोकसभा, लौटना, लौकिक
बालक, फलक, तिलक, क़लम, आलम, सलाम, इलाज, भुलाना, मालिक

अल्प, इल्म, जुल्फ़, जल्दी, एल्ची, इल्ज़ाम, गुलबदन, उल्टा, मुल्तान, उलझन, सिल्क, कलमा, कल्पना, शिल्पी, मूल्य, कल्याण, हल्वा, गुलशन, सुल्तान, बिल्कुल, मुल्की, सिलसिला, मलमल, पहला [pəʰlaː], तुलसी, अल्या, मुल्क

जुमला, उजला, बदला, इठलाना, मतलब, क़िल्ला, इस्लाम, ग़फ़लत, मु-स्लिम, मजलिस, असली, मुरली, तितली, मछली, पतलून, क्लेश, ग्लानि, म्लान, प्लुति, श्लोक, श्लेष, श्लाघा, परलोक, अवलोकन

अखिल, बीरबल, अटल, कमाल, दाख़िल, अमल, सुशील, गुल, गुल, मु-ग़ल, धूल, फूल, फ़ूल, रेल, तेल, खेल, अनमोल, बैल, मैल, कौल, हौल, अव्वल [ʌʊʊʌl], संदल, मख़मल

अक़्ल, दख़ल, क़त्ल, क़ुफ़्ल, मिस्ल, फ़स्ल, वस्ल, ग़ुस्ल मिल्लत, पल्लव, क़िल्लत, अल्लाह, गुल्ला, मोहल्ला [moʰʌllaː], मुल्ला, चिल्लाना, दिल्ली, बिल्ली, उल्लू, चुल्लू

/l̂ʰ/ als ein Phonem; daneben die Phonemgruppe 'l + h'

चूल्हा, कुल्हाड़ी, - कुल्हड़ [kʊlʰʌɽ], अल्हड़ [ʌlʰʌɽ]

/v̯/

वश, वर्दी, वस्त्र, वर्षा, वर्जिश, वय, वफ़ा, वजह, वस्तु, वलवला, व-कील, वक़्, वक़्त, वंश, वंदना, वाक्य, वार, वार्तालाप, वाजिब, वाक़िफ़, वात्सल्य, वास्ते, विलायत, विराम, विलंब, विसाल, विश्वास, विश्व, वि-भाग, वियोग, विचार, विष, विनोद, विंध्य, वीर, वुजूद, वेद, वेश, वैद्य, वैशेषिक

व्यापार, व्यसन, व्यायाम, व्यक्ति, व्यवस्था, व्रज, व्रत, वृद्ध, व्याज सावन, अक्षय, देवी, बेवक़ूफ़, सुवर्ण, भवन, जीवन, चावल, आवाज़,

दिवाली, सवारी, हवा, दावा, धावा, दवाई, दीवाना, गँवार, सँवारना, जँवाई, प्रवाह, जवानी, जवाब, कवायद, हैवान, कविता, अविनाश, स्वाभाविक, रविवार, पवित्र, नवीन, सवेरा, विवेक, नवेली, त्रिवेदी
तीव्र, भव्य, काव्य, दिव्य, कर्तव्य, अवसर, अवतार, युवराज
ध्वजा, ध्वनि, ज्वर, श्वेत, विश्वास, विद्वान, द्वार, स्वर, स्वच्छ, त्वचा
रुसवाई, तलवार, सोमवार, दरवाज़ा, परवाना, जानवर, मनवाना, अफ़वाह, दरवेश, सर्वोत्तम, आयुर्वेदिक, अहवाल, गहवारा, बुधवार, तेजस्वी, स्वाँग

भाव, मानव, शिव, पुलाव [pulāo], ध्रुव, जीव, नाव [nāo], भैरव, वैभव, दानव, कौरव, देव, राघव, माधव

गर्व, सर्व, अश्व, तत्व, सर्वस्व

अव्वल, कुव्वत, कुव्वाली, फ़व्वारा, हव्वा, नव्वे, (कव्वा [kavvā])

[ś]

Geschrieben श und ष

शर्म, शलवार, शक्ति, शक, शक्कर, शहनशाह, शनिवार, शत्रु, शयन, शमशीर, शंका, शरबत, शाबाश, शाह, शास्त्र, शासन, शायद, शाम, शामिल, शिशु, शिकायत, शिखर, शिकोह, शिक्षा, शिकार, शीघ्र, शीतल, शीशा, शुरू, शुग्ल, शेर, शेख़ी, शेष, शोर, शोभा, शोक, शोध, शौक, शौर्य, षट्कोण

श्याम

रोशन, काशी, कोशिश, दशा, आशा, तमाशा, कौशल्या, विशेष, पशु, पशुपती

अश्क, इश्क़, ख़ुश्क, अश्रु, विश्राम, आश्रम, परिश्रम, जश्न, तशदीद, चश्मा, अशफ़ाक़, आश्चर्य, दुश्मन, कश्यप, मशहूर, मशग़ूल, गोश्त, दुष्ट, कष्ट, अष्टम, सौष्ठव, षष्ठी, कुष्ठ, मुष्टि, सतुष्ट

दर्शन, अख्वर, शिद्दक, निरख्वर, साक्षात, नक्शा, बख़्शीश, चश्म, नब़ात, भिक्षुक, मुरशिद, आबशार, लक्ष्मण, बादशाह, इन्शा अल्लाह, अवशेष शाबाश, ताश, ख़राश, होश, क्लेश, तलाश, ग्रश, ऐश, अय्याश, ख़ुश, कोशिश, कशिश, आतिश, रोष, संतोष, दोष, मोक्ष

[s]

सजधज, सवार, सगाई, सकना, सज़ा, सखी, सखी, सच्चा, सत्व, समझ, सलाम, सरदार, सफल, सजनी, सहेली, सत, संदल, संस्कार, संगीत, स-क्षिप्त, ससार, संगठन, साज़, साहस, साहब, साधना, साक्षात, साज़िश, साठ, साथी, सात, सांचा, साँस, साँफ, साँप, सिवा, सिल, सितारा, सिफ़र, सिखाना, सिधारना, सिर, सिंह [s ɪ ŋɦə], सीमा, सीता, सील, सीना, सीध, सींचना, सींग, सुर, सुनना, सुहाना, सुस्त, सुलगना, सुविधा, सुधारक, सुनसान, सुख, सुथरा, सूत्र, सूरत, सूचना, सूली, सूक्ष्म, सूरदास, सूझना, सूरज, सेना, सेब, सेठ, सेज, सेर, सेवा, सैलाब, सैर, सोना, साफ़ा, सोम, सौ, सौदा, सौराष्ट्र स्तुति, स्त्री, स्थान, स्थिर, स्पर्श, स्पष्ट, स्पर्धा, स्निग्ध, स्नेह, स्वर, स्वच्छ, स्वीकार, स्वार्थ, स्वांग, स्वराज्य, स्वभाव, स्मृति, स्मरण, स्फूर्ति असर, कुसम, शासन, बासठ, सरासर, मौसम, बसंत, असल्य, प्रसंग, मसाला, हिसाब, कसाई, पैसा, ईसाई, खुलासा, हँसाना, आसान, प्यासा, मुसाफ़िर

रसिया, हासिल, क़ासिद, मुनासिब, मुरूतसिर, मसीहा, उदासी, हसीन, पसीना, बासी, नसीहत, नसीब, पचासी, रसीद, कुसूर, जासूस, मैसूर, गेसू, बेसूद, हुसैन, बसेरा, रसोई

मस्त, प्रस्ताव, हस्ती, क़िस्मत, इस्लाम, हुस्न, असली, शास्त्र, वस्त्र, बि-स्तर, नमस्ते, असबाब, नुस्ख़ा, उस्ताद, अस्पताल, बिस्मिल, मुस्कान, स-

स्ता, मसनद, तपस्या, दोस्त
अवसर, अड़सठ, अप्सरा, जलसा, बरसात, अह्सान, अफ़साना, अक्सीर, आलसी, आरसी, कुर्सी, मन्सूर
साहस, उदास, पच्चीस, बस, ख़स, ख़ास, पारस, बरस, छब्बीस, ओस, उस, अभ्यास, अफ़सोस, आसपास, कैलास
शम्स, जिन्स, अक्स, बक्स
हिस्सा, गुस्सा, क़िस्सा, रस्सी, लस्सी, मुफ़स्सिल, मयस्सर, मुजस्सिम, पिस्सू

[h]

हद, हकीम, हलाल, हलाहल, हस्ताक्षर, हनुमान, हड़ताल, हड्डी, हवा, हक़, हज, हज्जाम, हवेली, हथियार, हर्ज, हर्ष, हरजाई, हथौड़ी, हँसना, हाल, हाकिम, हाथ, हानि, हितकारी, हिमालय, हिम्मत, हिस्सा, हिना, हिक़मत, हिलाना, हिफ़ाज़त, हिज्जे, हिंसा, हिन्दी, हीरा, हीला, हीन, हुनर, हुक्म, हुक़्क़ा, हूकष हूर, हेम, हेतु, है, हैज़ा, हैरान, हैरत, हैं, होना, होम, होगा, होली, हौज़

अहंकार [ɐhʌŋkaːɾ], ग्राहक, शहर, बाहर, गौहर, जौहर, ज़ुहर, जवाहर, मोहन, प्रहर, नाहक़, ठहरना, बहाना, जहाज़, आहार, महात्मा, त्योहार, दोहा, चूहा, बिहार, नहाना, कहानी, महिला, ख़्वाहिश, बहिन, महीना, नहीं, सियाही, कहीं, बहुत [bʌʰʊt] / [bɔʰɔt], पहुँचना [pɔʰʊ̃ːtɕnaː], बहू, लहू, साहूकार, महेश, मुहैया, महोत्सव
अह्सान [æʰsaːn], बेहतर [bæʰtʌr], तोहफ़ा [tɔʰfa], अहमक़, अहसास, ब्राह्मण [braːmʰ̃ɪ̃] / [brʌmʰ̃ɪ̃], तहसीलदार, बहना, पहला, मेहमान [mæʰmaːn]

इल्हाम, मदहोश, इज़हार, अल्हड़, दुल्हन, तन्हा
वाह, बादशाह, मोह, स्नेह, ब्याह, आरोह, अल्लाह, आह, निगाह,
जगह [jʌgaː] / [jʌgæˈ], तरह [tʌraː] / [tʌræˈ], गुनाह,
देह, बाँह, द्रोह, ग्रह, अथाह, चाह, कोह, सुलह, सोलह

TEIL 3

Satzsandhi, Satzakzent und Intonation

Einzelheiten des Sandhi (= Lautassimilation in der Laut-, häufig zugleich Sinngruppe) und damit auch der Phänomene der Wortgrenzsignalisierung ("word-juncture") sowie der Intonation sind natürlich individuellen Schwankungen unterworfen und zudem in gewissem Umfang situationsabhängig; in der Erregung spricht man anders (lauter, schneller, emphatischer) als im "Normalfall", anders wieder im Zweifel usw. Im folgenden wird versucht, soweit als angebracht zu schematisieren. Daher sind für die Angaben der Vokallängen z. B. zumeist die schon in den voraufgehenden Teilen angewandten Schemata weiterhin gebraucht worden.

Das Hauptsinnwort einer Wortgruppe und vor allem des Satzes erhält (etwas) stärkeren Druckakzent als die übrigen Silben. Stärkerer Druckakzent fällt häufig, aber nicht notwendig, mit Hochton zusammen; doch entspricht nicht jedem Hochton stärkerer Druckakzent. Eine Ausnahme bildet auf jeden Fall die aufsteigende Frage-Intonation am Satzende; sie ist nicht von stärkerem Druckakzent begleitet (außer wenn das Hauptsinnwort zufällig am Satzende steht). Das Satzende mit fallendem Ton (grob gesprochen: der finite Verbalteil in solchen Sätzen) wird vielfach "vermurmelt". (Daneben findet sich auch eine leichte Hervorhebung des satzschließenden finiten Verbalteils, besonders beim Ablesen eines Textes; doch sollte dies nicht nachgeahmt werden.)

Die Satzintonation verläuft im ganzen etwas monotoner als im Deutschen. Hervorhebungen von Sinnstellen werden mehr als im Deutschen - wo sie durch starken Druckakzent und Tonhöhe markiert werden - durch andere formale Mittel wie Partikeln u. dgl. bezeichnet.

MATTHEWS[1]) unterscheidet zwei Typen der Satzintonation in der Hindī:

1) fallende in 'declarative sequences' bei

    a) Aussage
    b) Befehl
    c) spezifischer Frage (Typ: 'kyā bajā hai?')

---

1) MATTHEWS, W. K.: fənetiks ənd fənolədʒi əv hindi; in: Le Maître Phonétique 1o1, 1954, 18-22 (hier: 22)

2) steigende in 'dubitative sequences' bei
   a) nicht-spezifischer Frage (Typ: 'tum ne kabhī bāgh dekhā hai?')
   b) beruhigender Aussage (Typ: 'koī jaldī nahī')
   c) unvollendetem ("abgebrochenem") Satz

Diese Zusammenstellung schematisiert sehr stark. Tatsächlich kennt der höfliche "Befehl" (1b) - der Wunsch - auch steigende Intonation des Satzendes (Vgl. Deutsch!); die spezifische Frage hat ebenfalls fallende oder steigende Intonation, letztere vor allem in der abmildernden, zugleich bittenden Frage -(Vgl. wiederum das Deutsche beim Typ: 'Wieviel Uhr ist es?' mit beiden Möglichkeiten!). Die beruhigende Aussage (2b) kann nach dem soeben Gesagten unter die höfliche Aufforderung, den Wunsch,(1b) gezählt werden. (Außerdem fragt sich, ob bei dem von MATTHEWS gewählten Beispiel 2b der satzendende Steigeton nicht auch von dem Hauptsinnwort 'nahī' abhängt; dieses hat Endbetonung!)

Von den Schwierigkeiten der Tonhöhendifferenzierung in der Hindī (die von der Standardaussprache der Urdū in diesem Punkte nicht abweicht) gibt FIRTH[1] ein instruktives Beispiel:

(Der Einfachheit halber ist nicht der genaue Kurvenverlauf wiedergegeben. Hochton wird im folgenden mit ¯ vor der betreffenden Silbe angedeutet, Tiefton mit _)

maī ¯sab se pahle / _Lā¯haur gayā. / _vahā me¯rā kām _angre¯zī zabān paṛhā¯nā thā. / _me_re ¯jin dostō ko / _mere _sāth / _kām kar¯ne kā _itti¯fāq huā _hai, / ¯un ¯ko _yād _ho¯gā, / _ki ¯bī e _kī _ki_tā¯bē _ham zarā ¯kam paṛhte _the, / aur _rozmar¯rā kī _zabān, / _aur tal¯laffuz dhyān _dekar / ¯sīkhte _the.

Wie man sieht, fallen Druckakzent und Tonhöhe nicht immer zusammen.

---

[1] In: HARLEY, A. H.: Colloquial Hindustani; London ⁴1960, xxvi

An allgemeinen Sandhiregeln seien erwähnt:

Satzsandhi findet sich innerhalb einer inhaltsbestimmten Wortgruppe, z. T. auch darüber hinaus.

Der Satzsandhi der Hindī (wie Urdū) besteht in regressiver Assimilation, d. h. ein Laut wird vom unmittelbar folgenden beeinflußt (der Wortauslaut vom folgenden Wortanlaut). Dabei gelten folgende Grundregeln:

Bei der Folge 'Verschlußlaut - Verschlußlaut' gibt der erste seine Plosion ("release") auf. (Dies wird in der phonetischen Umschrift der folgenden Beispiele durch ' bezeichnet, wenn dies besonders angebracht erscheint.)

Verschlußlaut vor folgendem nicht-okklusiven Konsonanten wird oft erst gelöst, nachdem die Mund- und Zungenstellung des folgenden Konsonanten eingenommen ist.

Verschlußlaut vor Pausa hat fakultative Plosion.("checked consonant").

Velar + $\underline{/x/}$ werden zu $\underline{/xx/}$ (= $\underline{/\bar{x}:/}$), evtl. mit Lenisierung des ersten Teils (s. unten).

Stimmlose Konsonanten werden vor stimmhaftem Verschlußlaut regelmäßig, vor anderen stimmhaften Konsonanten fakultativ zur stimmhaften Lenis; stimmhafte Konsonanten werden vor stimmlosem Konsonanten (anscheinend unabhängig von deren Okklusionsgrad) zur stimmlosen Lenis. - Da die Lenisierung das beiden Fällen gemeinsame und anscheinend auch charakteristische Merkmal ist, werden beide Fälle durch untergesetztes ₀ bezeichnet (im Fall von Buchstaben mit Unterlänge übergeschrieben).

Vor stimmhaftem /h/ tritt keine Assimilierung der beschriebenen Art ein.

/q/ unterliegt nicht der genannten Regel; es wird nicht zur stimmhaften Lenis.

Beim Zusammentreffen von Affrikata und folgendem Verschlußlaut wird nur der Verschlußteil der Affrikata mit Stimmhaftigkeit oder Stimmlosigkeit je nach dem Folgelaut realisiert, z. B. 'āj to ...' > $\underline{/\bar{a}:d'\text{ }to:/}$.

Beim Zusammentreffen von Affrikata und stimmhaftem nicht-okklusiven Konsonanten wird zumeist nur der sonorisierte Verschlußteil realisiert, z. B. 'āj mausam ...' > $\underline{/\bar{a}:d'\text{ }m-/}$.

Beim Zusammentreffen von Affrikata und Zischlaut wird nur der Verschlußteil der Affrikata - u. U. entsonorisiert

und lenisiert - realisiert, z. B. 'mujh se' > /mud̯ʒuse/,
ja geradezu zu "mutse". Es tritt keine Längung des Zischlauts ein.

Progressive statt der bisher besprochenen regressiven Assimilation tritt beim Zusammentreffen temporaler Teilverschlußlaute ein:

Beim Zusammentreffen zweier r an der Wortgrenze (nicht im Wort!) wird zumeist nicht die Zahl der Zungenschläge verdoppelt, sondern die Zunge einen Augenblick am Gaumen gehalten; dabei strömt Atemluft aus, und die Stimmbänder schwingen; es entsteht also so etwas wie stimmhaftes "langes" r (stimmhafter Rauschlaut + r).

In den folgenden Beispielen wird zur Bezeichnung der Wortgrenze trotzdem r⌣r geschrieben.

Beim Zusammentreffen von r /ṛ/ und r tritt ein ähnliches Phänomen auf, so daß hier vielfach nur ein Zungenschlag vollführt wird (stimmhafter Rauschlaut + ṛ entsteht).

Statt -r und -ṛ kann in der genannten Lautgruppe auch -rh bzw. -ṛh auftreten.

Wie schon in Teil 1 erwähnt, verlieren Aspiraten vor Verschlußlaut (auch im Wort) ihre Aspiration. Diese geht auch vor nicht-okklusivem Konsonanten zumeist verloren. - Die Erscheinung kann als Konsequenz der Regel, daß Verschlußlaut vorKonsonant unter den oben spezifizierten Bedingungen keine Plosion hat, angesehen werden.

Es war bereits in Teil 1 erwähnt worden, daß die Opposition 'einfacher Konsonant' : 'Langkonsonant' am Silben- und damit auch Wortende aufgehoben ist. Das Archiphonem erscheint gegenüber dem einfachen Konsonanten gelängt, aber weniger emphatisch als echte Geminata. Vor Izāfat und arabischen Formen mit ul- tritt die Opposition wieder auf, z. B. 'haq', aber 'haqq-e-...', 'haqq-u'l-lāh' usw.

Die genannten Assimilationserscheinungen gelten - falls nicht anders erwähnt-- nur für die Wortgrenze; sie dienen also der Wortgrenzsignalisierung. Im Wort treten sie nicht auf.

Die Akzente der folgenden Beispiele sind Wortgruppenakzente. Jeder Satz wird in Devnāgarī-Schrift, der üblichen Transkription, der phonetischen Umschrift nach API und idiomatischer Übertragung ins Deutsche gegeben.

1) अब बहुत देर हो गयी है।

   ab bahut der ho gaī hai.

   ʌb‿boʰoɖ‿deːr ho gʌi hɛ̃ː.

   Jetzt ist es zu spät.

2) मुझ से बोला न जाए।

   mujh se bolā na jāe.

   mudʒ‿se boːlaː 'nʌ ɟaːe.

   Ich bin nicht zu sprechen. / Ich möchte nicht gestört werden.

3) क्या आप इस के दाम कुछ कम करेंगे?

   kyā āp is ke dām kuch kam karẽge?

   kiaː‿aːp ɪs ke‚daːm kʊc 'kʌm kʌrẽːᵊge?

   Machen Sie es etwas billiger?

4) यह तो मेरे लिए बहुत महँगा है।

   yah to mere lie bahut mahangā hai.

   iæ to meːre lɪie boʰoɖ‿'mæɦɛ̃ᵊya hɛ̃ː.

   Das ist mir zu teuer!

5) आज मौसम अच्छा है।

   āj mausam acchā hai.

   aːdʒ‿mɔːsʌm 'ʌccha hɛ̃ː.   (‚aːɟ - mɔːsʌm ...)

   Heute ist schönes Wetter.

6) आज बहुत धुंद है।

   āj bahut dhund hai.

   a:dʒ bʊʿodˬ ˈdhund hæ̃:.

   Heute ist es sehr neblig.

7) खाने से पहले हम लोग टहल सकते हैं।

   khāne se pahle ham log ṭahal sakte haĩ.

   ˌkha:ne se pæʰle hʌm logˬ ˈtæʰʌl sʌkte hæ̃:.

   Vor dem Essen könnten wir noch einen Spaziergang machen.

8) आज दोपहर के खाने में क्या है?

   āj dopahar ke khāne mẽ kyā hai?

   a:dʒˬ ˌdo:pæʰær ke kha:ne mẽ ˈkia: hæ̃:?

   Was gibt es denn heute zu Mittag?

9) इस से भूख खुलती है।

   is se bhūkh khultī hai.

   ɪs se ˈbhu:kˬ khʊlti hæ̃:.

   Das macht Appetit! - Das gibt Hunger!

10) खाना बहुत चट-पटा है।

    khāna bahut caṭ paṭā hai.

    kha:na: boʿotˬ cʌtˬ pʌta hæ̃:.

    Die Speisen sind scharf gewürzt.

11) मुझे मछली पसन्द नहीं है।
mujhe machlī pasand nahī̃ hai.
mujhe· ˌmʌc⁽ʰ⁾liˑ pʌsʌnd nʌˈhĩ hæ̃ˑ.
Ich mag keinen Fisch.

12) क्या आप एक पियाली काफ़ी और पिएँगे?
kyā āp ek piyālī kāfī aur piẽge?
Kĩa‿aːp eːkˈpiaːliˑ kaːfiˑ ˈɔːr piˈẽˑⁿge?
Trinken Sie noch einen Kaffee?

13) दूध के साथ?
dūdh ke sāth?
ˈduːd̪‿ke saːt⁽ʰ⁾?
Mit Milch?

14) आप ने हिंदी कहाँ सीखी है?
āp ne hindī kahā̃ sīkhī hai?
aːbˑ‿ne hɪndiˑ kʌˈʰãː siːkhi hæ̃ˑ?
Wo haben Sie Hindi gelernt?

15) आप बहुत जल्दी जल्दी बोलते हैं।
āp bahut jaldī jaldī bolte haĩ.
aːbˑ bʰʊˈʰod̪ˈ‿jʌldiˑ jʌldi boːlte hæ̃ˑ.
Sie sprechen sehr schnell.

16) मेरी समझ में सब आता है।

meri samajh mẽ sab ātā hai.

me:ri: sʌmʌj mẽ 'sʌb a:ta hæ̃.

Ich verstehe vollkommen.

17) आप क्या कह रहे थे?

āp kyā kah rahe the?

a:p 'kɪ̆a: kæʰ ræʰe the?

Wie sagten Sie doch?

18) मैं आप से बात करना चाहता हूँ।

maĩ āp se bāt karnā cāhtā hū̃.

mæ̃ a:p'se 'ba:t kʌrna: ca:ʰta: hũ.

Ich möchte einmal mit Ihnen reden.

19) मैं बहुत थका हुआ हूँ।

maĩ bahut thakā huā hū̃.

mæ̃ boʰot' thʌka: hua hũ.

Ich bin sehr müde.

20) ठीक हो जाएगा।

ṭhīk ho jāegā.

'ṭhi:k ho' ja:ega.

Das vergeht wieder. / Das wird wieder besser.

21) बहुत दूर तो नहीं है।
bahut dūr to nahī̃ hai.
bəˈhod̪ˌduːr to nʌˈhĩː hɛ̃ː.
Das ist ja nicht sehr weit.

22) मैं शायद चार पाँच दिन रहूँगा।
maĩ śāyad cār-pā̃c din rahū̃gā.
mæ̃ː ʃaːɪʌd̪ˌcaːr pãːʳc dɪn rʌˈũːᵊga.
Ich bleibe vielleicht vier oder fünf Tage.

23) क्या आप आज शाम को शहर की सैर करेंगे?
kyā āp āj śām ko śahar kī sair karẽge?
kʲaːˌaːp aːd̪ˌʃaːm ko ʃæˈhær kiː ˈsæːɪr kʌrẽːᵊge?
Möchten Sie heute abend eine Stadtbesichtigung machen?

24) साह्ब का सामान बीस नम्बर के कमरे में ले जाओ।
sāhab kā sāmān bīs nambar ke kamre mẽ le jāo.
saːʰʌbˌkaˌsaːmaːn ˈbɯːs nʌmbʌr ke kʌmre mẽ leˑ ɟaˑo!
Bring das Gepäck des Herrn auf Zimmer Nr. 20!

REGISTER

(Verzeichnis der Wörter, zu denen Aussprache- und Orthographie-Besonderheiten verzeichnet wurden)

ahaṅkār	92	cūlhā	38,89
ahmaq	86	duḥkh	40,50,55,69,79
ahsān	92		
aikya	39,55	fehrist	83
ājñā	65,73		
ālaya	56	gahnā	81
alhaṛ	89	garm	56
alpaśah	55	gāv	67
amāgya	56	ghāv	28
ataḥ	50	gyārah	30
auṣadh	55	hauā/havvā	39,90
auṣadhālaya	39,64	himālaya	62
avval	89		
ayogyatā	56	inhē	58,82
		inhõ	82
bahlānā	84		
bahtar/behtar	78,92	jagah	29,56,63,93
bahut	29,33,63,92	ka	56
bārah	30	kārobār	63
bātcīt	72,78	kauā/kavvā	39,55,64,90
bhaī	55	ki	59
bhaiyā/bhaīyā/ bhayyā	39,56,85	kṛṣṇa	56
		kulhar	89
bhāv	28,85	kulhāṛī	38,89
brāhmaṇ	92	kumhār	38
brahmaputr	84	lāyaq	38
cehrā/cihrā	58	mahal	56,63
chaḥ	31,33,50	mahbūb	85
cihn	58,59		

maidān-e-jang	61	śahar	56,63
mehmān	86,92	śahrī	88
mehnat/mihnat	58	śayyā	39
mehrbānī	29,61	taiyār/tayyār	39,56,62
(mehrbān	85)	taiyārī/tayyārī	42
mohallā	89	taj-o-taxt	63
mohr/muhr	60,63	tarah	29,56,63,93
muhabbat	29	tohfā	92
na	45,53	tohmat	78
naiyā	81	tumhārā	38,86
nanhā	82	tahnī	81
narm	56		
nāv	90	unhē	38,82
nāxūn	20	unhŏ	60,82
nehrū	88	va	45,53
nyāyataḥ	39	vah	29,54,63
o	29	vahī	54,63
pahlā	89	xvāhiś	39
pahle	58	yah	54,63,87
pahūcnā	30,31,67,92	yahī	54,63
prātahkāl	50,55	zehrā	73
pulāv	90		
rahm	87		
rakhā	40,50,57,69		
rupayā	42,60,62,82		
sinh	25,49,59,71, 91		
sinhāsan	59		
svabhāv	28		
svāsthya	53		

Zur Aussprache der Zahlwörter 11 bis 18 siehe die Angaben zu 'bārah' und 'gyārah'!

Lieferbare Titel

für das

Studium asiatischer Sprachen:

Harder–Schimmel	**Arabische Sprachlehre,** 11. Auflage 1968, X/246 Seiten, Snolin (Bestellnummer 1)
	Schlüssel zur 11. Auflage, 26 Seiten, brosch. (Bestellnummer 2)
Klopfer, H.,	**Modernes Arabisch,** 2. Auflage, 140 Seiten, brosch. (Bestellnummer 140)
Klopfer, H.,	**Modernes Arabisch – Tonbandübungen** **3 Tonbänder** mit 344 Übungen zur Laut- und Satzlehre, Laufzeit ca. 130 Min., 9,5 cm/sec. (Bestellnummer 1050)
	Textbuch dazu, mit allen Übungen und Drills, IV/44 Seiten, brosch. (Bestellnummer 1051)
Zbavitel, D.,	**Lehrbuch des Bengalischen,** 176 Seiten, brosch. (Bestellnummer 142)
Dasgupta, Sh.,	**Grundzüge einer Laut- und Schriftlehre des Bengalischen,** IV/66 Seiten, brosch. (Bestellnummer 153)
Eckardt, A.,	**Chinesisch-Koreanisch-Deutsches Wörterbuch,** 1. Auflage 1966, Wiss. Bibliothek Band VI, 244 Seiten, Plastik (Bestellnummer 115)
Ladstätter, O.,	**Tabelle der Chinesischen Silben** In Vorbereitung
Sharma-Vermeer,	**Einführung in die Hindi-Grammatik,** 2. Auflage 1972, VI/96 Seiten, brosch. (Bestellnummer 80)
Vermeer–Sharma	**Hindi-Lesebuch,** 2. Auflage 1971, VI/90 Seiten, brosch. (Bestellnummer 82)
Vermeer, H. J.,	**Untersuchungen zum Bau zentralsüdasiatischer Sprachen,** Wiss. Bibliothek Band IX, IV/278 Seiten, brosch. (Bestellnummer 128)

Vermeer, H. J.,	**Das Indo-Englische,** Situation und linguistische Bedeutung (mit Bibliographie), Wiss. Bibliothek Band X, 100 Seiten, brosch (Bestellnummer 133)
Hilgers–Hesse, I.,	**Indonesischer Sprachführer,** 2. Auflage 1964, 160 Seiten, brosch. (Bestellnummer 83)
Hilgers–Hesse, I.,	**Entwicklungsgeschichte der Bahase Indonesia,** Wiss. Bibliothek Band IV, 116 Seiten, brosch. (Bestellnummer 113)
Eckardt, A.,	**Grammatik der koreanischen Sprache,** 2. Auflage 1965, XIV/202 Seiten, Plastik (Bestellnummer 85)
Eckardt, A.,	**Übungsbuch der koreanischen Sprache,** 1. Auflage 1964, 200 Seiten, Plastik (Bestellnummer 86)
Eckardt, A.,	**Studien zur koreanischen** Sprache, 1. Auflage 1965, 266 Seiten, Plastik (Bestellnummer 87)
Eckardt, A.,	**Deutsch-Koreanisches Wörterbuch,** 1. Auflage 1969, 210 Seiten, Plastik (Bestellnummer 139)
Eckardt, A.,	**Koreanisch-Deutsches Wörterbuch,** 1. Auflage 1970, 332 Seiten, Plastik (Bestellnummer 149)
Amin-Madani, S.,	**Lehrbuch der Persischen Sprache,** ca. 528 Seiten (Bestellnummer 158) Erscheint Sommer 1972
Rühl, Ph.,	**Türkische Sprachlehre,** 7. Auflage 1970, 242 Seiten, Hl. (Bestellnummer 93)
Vermeer-Akhtar	**Urdu-Lautlehre,** VI/172 Seiten, brosch. (Bestellnummer 94)
Vermeer–Akhtar	**Urdu-Lesebuch,** 264 Seiten, brosch. (Bestellnummer 95)
	Schlüssel dazu, 64 Seiten, brosch. (Bestellnummer 95a)

Julius Groos Verlag
D-6900 Heidelberg
Postfach 629